IF YOU WOULD HAVE YOUR BUSINESS DONE, GO; IF NOT, SEND.
TO BED AND EARLY TO RISE, MAKES A MAN HEALTHY, WEALTHY, AND
WITHOUT MITTENS. REMEMBER, THE CAT IN GLOVES
BY DILIGENCE AND PERSEVERANCE THE MOUSE EAT THE CABLE IN TWO
EMPLOY TIME WELL IF THOU
AND LITTLE STROKES
DILIGENCE IS THE MOTHER OF GOOD LUCK. AND GOD GIVES ALL THINGS TO INDUSTRY
SINCE THOU ART
BORN BOSTON, JANY 17th 1706. † APRL 17th 1790.
HE THAT BY THE PLOUGH WOULD THRIVE, HIMSELF MUST EITHER HOLD OR DRIVE
THE EYE OF THE MASTER WILL DO MORE WORK THAN BOTH HIS HANDS.
NOT TO
IF YOU WOULD HAVE A
MANY A LITTLE MAKES A MICKLE. BEWARE OF LITTLE EXPENSES
WHO DAINTIES LOVE
THE WEALTH SMALL AND THE WANT GREAT
WHAT MAINTAINS ONE VICE WOULD BRING UP TWO CHILDREN.
A SMALL LEAK WILL SINK A GREAT SHIP.
FOOLISH
WOULD KNOW THE VALUE OF MONEY, TRY TO BORROW SOME.
LYING RIDES UPON DEBTS BACK. IT IS HARD FOR AN EMPTY BAG TO STAND UPRIGHT
FOR AGE AND WANT
WHEN THE WELL IS
WORTH OF WATER.
CREDITORS
THAN DEBTORS
EXPERIENCE KEEPS A

FOX CATCHES NO POULTRY. THERE WILL BE SLEEPING ENOUGH IN
IF YOU WOULD HAVE YOUR BUSINESS DONE, GO; IF NOT, SEND.
LOOKS IN, BUT DARES NOT ENTER
PLOUGH DEEP WHILE SLUGGARDS SLEEP; AND YOU SHALL HAVE CORN TO SELL AND TO KEEP.
WORK TODAY, FOR YOU KNOW NOT HOW MUCH YOU MAY BE HINDERED TOMORROW.
HANDLE YOUR TOOLS WITHOUT MITTENS; REMEMBER, THE CAT IN GLOVES
CONSTANT DROPPING WEARS AWAY STONES
HAS A LARGE SHIFT
GOOD MORROW
I NEVER SAW AN OFT REMOVED TREE, NOR YET AN OFT REMOVED FAMILY THAT DID SO WELL AS THOSE THAT SETTLED BE.
THREE REMOVES ARE AS BAD AS A FIRE; AND A ROLLING STONE GATHERS NO MOSS.
B. FRANKLIN. L.L.D. F.R.S.
BORN
DIED at PHILADA
APRL
OF KNOWLEDGE
A SHOE THE HORSE WAS LOST
HE WHO SAVES NOT AS HE GETS, MAY KEEP HIS NOSE ALL HIS LIFE TO THE GRINDSTONE, AND DIE NOT WORTH A GROAT.
A FAT KITCHEN MAKES A LEAN WILL. WOULD YOU BE RICH, THINK OF SAVING.
WOMEN AND WINE, GAME AND DECEIT,
WHAT MAINTAINS ONE VICE WOULD BRING UP TWO CHILDREN.
SELL THY NECESSARIES
BY BUYING BARGAINS.
SILKS AND SATINS, SCARLET AND VELVETS, PUT OUT THE KITCHEN FIRE.
ALWAYS TAKING OUT OF THE MEAL TUB
SOON COMES TO THE BOTTOM
IF YOU WOULD KNOW THE VALUE OF MONEY, TRY TO BORROW
WHEN THE WELL IS
THE WORTH OF WATER

窮理查年鑑

——暢銷50000本・最完整收錄——

地表最賣的智慧格言，
和《聖經》一樣歷久不衰！

班傑明・富蘭克林（Benjamin Franklin）／著　邱振訓／譯

Wealth & dream
17

窮理查年鑑（暢銷50000本．最完整收錄）
地表最賣的智慧格言，和《聖經》一樣歷久不衰！

原書書名 Poor Richard's almanack
作　　者 班傑明．富蘭克林（Benjamin Franklin）
譯　　者 邱振訓
封面設計 柯俊仰
特約美編 李緹瀅
主　　編 高煜婷
總 編 輯 林許文二

出　　版 柿子文化事業有限公司
地　　址 11677臺北市羅斯福路五段158號2樓
業務專線 （02）89314903#15
讀者專線 （02）89314903#9
傳　　真 （02）29319207
郵撥帳號 19822651柿子文化事業有限公司
投稿信箱 editor@persimmonbooks.com.tw
服務信箱 service@persimmonbooks.com.tw

業務行政 鄭淑娟、陳顯中

初版一刷 2020年06月
三版一刷 2024年12月
定　　價 新臺幣480元
I S B N 978-626-7613-07-8

～柿子在秋天火紅 文化在書中成熟～

國家圖書館出版品預行編目(CIP)資料

窮理查年鑑（暢銷50000本．最完整收錄）：地表最賣的智慧格言，和《聖經》一樣歷久不衰！/ 班傑明.富蘭克林(Benjamin Franklin)著；邱振訓譯. -- 三版. -- 臺北市：柿子文化事業有限公司, 2024.12
　面；　公分. -- (wealth & dream ; 17)
譯自：Poor Richard's almanack
ISBN 978-626-7613-07-8(平裝)
1.CST: 格言

192.8　　113018139

柿子官網
60 秒看新世界

佳評如潮

綠豆在採收曬乾後，只要無外力破壞，便可保存百年以上。綠豆看似死亡，其實卻是活的，它以極大的耐力去創造自己的生命價值。

正如本書中的字字珠璣，在經得起時間考驗下的人生智慧，轉化成篇篇的經典格言，將此奉為圭臬牢記在心，人生自然無比「幸福」，甚至一路「看漲」！

——戴勝益，王品集團董事長

班傑明．富蘭克林最早在《窮理查年鑑》中推廣的那些樸實的美德，持續鼓舞著一代又一代的人們盡忠於我們的國家。

這些美德是：自力更生、自我提升和敢於冒險的價值觀；自我激勵、自律自制，以及努力工作的價值觀；節儉和勇於承擔個人責任的價值觀。

——歐巴馬，美國前總統，出自於《無畏的希望》（The Audacity of Hope）

閱讀《窮理查年鑑》的樂趣在於品味他精闢的格言，作為床頭書是很好的選擇，此外，也可以跟孩子介紹這位美國創始人並提醒他們：有一些生活經驗和教訓是永遠不會改變的。

——保羅．伏爾克，前美聯主席、有歐巴馬政府「國師」之稱

Benjamin Franklin

富蘭克林這本著作一紙風行，成為除《聖經》外最暢銷的書……在〈財富之路〉一文內，富蘭克林清楚簡單地說明，勤奮、小心、儉樸、穩健是致富之核心態度。

——李嘉誠，知名企業家，出自於《奉獻的藝術》

（二〇〇四年六月二十八日為長江商學院近三百位EMBA學生所作的演講）

富蘭克林的格言比商學院所學到的東西有益得多。

——查理・蒙格，巴菲特公司「波克夏」副董事長

「節儉是重要的收入來源。」他（富蘭克林）在《窮理查年鑑》裡這麼寫道。關於提倡節儉，他最有名的一句話是：「省一分錢就是賺一分錢。」意義非常深刻的一句話。

——馬克・司古森，葛蘭德大學商學院主席

《窮理查年鑑》帶給你很多笑聲，甚至可能發現自己與窮理查的意見不謀而合，並且從中獲益。我不得不告訴你，親愛的讀者，如果你只專注在文字形式上而忽略了內容的本質意義，那你還不如乾脆把它們扔掉。

——大衛・巴里，美國普立茲獎得主，知名記者、作家

Contents

佳評如潮 3

關於富蘭克林的那些事 13

聽富蘭克林說窮理查 21

1733年

理查・三德氏 清白又無辜，就是最佳的辯護。 27

我更冀望購買我這份年度紀事的讀者不只是當做自己買了一本有用的工具書，更當成自己做了一份善事……

1734年

理查・三德氏 正義一去，勇氣就虛。 39

我的年曆熱賣，使我處世景況日益好轉，我的妻子總算能為自己買個鍋子，她也買了雙鞋、兩條連身裙，還有一件可愛的新裙子，這些東西讓她的老脾氣好多了，好到讓我去年一整年睡得比先前的三年加起來還要更多又更香。

1735年

理查・三德氏 偉人能謙卑，尊崇變兩倍。 51

不管天體的音樂會是如何，星辰的和聲又是怎樣，可以確定的是占星家之間從來沒有和諧；他們總是彼此咆哮，好比路上相遇的一群野狗……

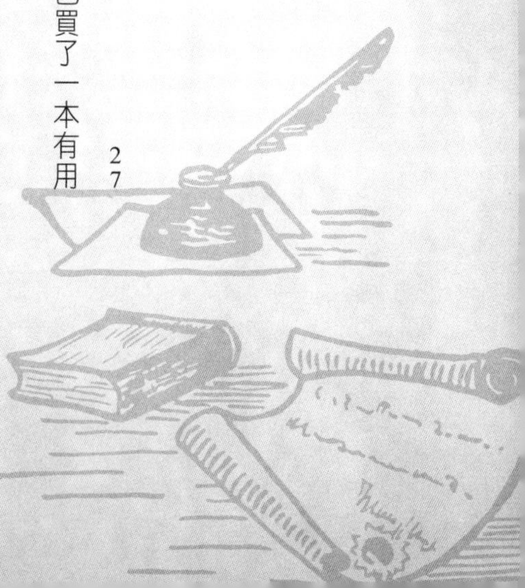

1736年

理查・三德氏　羨慕是無知之子。 63

您對我先前一切努力的仁慈接納，鼓勵我繼續從事寫作，雖然說您對我普遍的讚譽已經引起了某些人的嫉妒，而且為我招來了他人的惡意攻訐。

1737年

理查・三德氏　良言不如善行。 75

如果購買我作品的消費者能夠了解：他的五便士可以使一個窮人和一個誠懇的好婦人滿心歡喜，為他們燃起溫暖的爐火、添購鍋碗、斟滿酒杯，那麼儘管他的年曆有半本都是白紙，也不會認為他的錢白花了！

1738年

布莉姬・三德氏　別讓壞習慣活得比你長。 89

我丈夫在他的序言裡頭說，他的太太布莉姬如此這般又那樣，這真是夠了！我難道就不能夠犯一、兩個小錯，還非得印給全國的人看才行嗎？

1739年

理查・三德氏　將你的不滿當祕密。 101

有些人觀察我的年曆年銷量，推測我現在應該已經變有錢，不該再自稱窮迪克了。但是，實情是……

1750年

理查・三德氏 飢餓是最棒的開胃菜。 213

在我去年的書裡，有幾處小錯誤：有一些是作者的錯，但大都是出版商的問題。就讓各人得到應得的責備，自己懺悔……

1751年

理查・三德氏 狡詐多計，主要來自沒能力。 223

讀者們，再會了，善用您的光陰與年曆，因為您已經知道，根據惠斯頓所言，您最多就只剩下這十六年了。

1752年

理查・三德氏 不當的讚辭，是苛刻的諷刺。 233

同樣地，我還是要祝福所有仁慈的讀者在這新年裡（真的是新的一個年，因為我們從來沒見過，也不會再見到了）都能幸福快樂！

1753年

理查・三德氏 繪畫和打架，保持距離最好看。 243

這是我第二十次以此方式向您致意，而我也有理由往自己臉上貼金，因為我的作品顯然並非不受公眾歡迎。

1754年

理查・三德氏 理智一短少，什麼都想要。 251

寬厚的讀者，我知道你們一直都很期待著序言，還覺得如果沒有序言就是怠慢了你們。現在有了這篇序言，希望能對您有用處。

財富之路

1755年

理查・三德氏　嚐到甜頭，記得苦頭。 261

常言道，世上半數人，不知另外那半過的是什麼人生。為了讓您長長見識，在這本年曆裡，我要介紹……

1756年

理查・三德氏　虛榮開得了花，結不了果。 269

我不會因為您更加有錢就提高售價，為了感激您過去的恩澤，我要讓這本小書更值得您重視，所以在這些改善心靈的內容外，又加進一些……

1757年

理查・三德氏　一個今天，值得兩個明天。 279

能為公眾提供一些有用的祕訣，真是我的光榮；所以我要感謝這些時常讓我有機會享受這份光榮的人，不時將他們自己的觀察記錄寄給我……

1758年

理查・三德氏　蜜雖甜，蜂刺卻尖。 289

人們才是我能力的最佳裁判，因為他們會買我的著作；而且，在我徬徨無依，還未廣為人知的時候，就經常聽到有人這樣講：「就像窮理查說的一樣……」這給我極大的安慰，因為這不只證明我的說法被重視，還證明了對我身為作者的看重。

關於富蘭克林的那些事……

富蘭克林是十八世紀著名的偉人，他多才多藝且對國家的卓越貢獻，讓他擁有「現代文明之父」、「美國聖人」、「美國革命之父」等眾多稱號。如今每張百元美鈔都印有富蘭克林肖像，將他視作財富象徵、資本主義精神的最佳代表，但其勤奮、節儉的人格才是他之所以成功並成為美國民眾、商業成功人士效法對象的主因——鋼鐵大王卡內基、投資大師巴菲特、查理・蒙格等人更將他視為心目中的英雄。

多才多藝的父親

源於英格蘭的富蘭克林家族，世代擁有十二公頃的自由領地，以打鐵為副業，由每代長子繼承家業。班傑明・富蘭克林的父親名叫約賽亞，與三哥班傑明的感情特別深厚。班傑明到倫敦學習染絲綢，約賽亞則跟在呢絨染匠的二哥約翰身邊當學徒。

約賽亞家族為虔誠的清教徒，為了擺脫非國教信徒所受到的宗教迫害，他在一六八二年帶著妻子及三個孩子遷居新英格蘭波士頓城，妻子又生了四個孩子後，便離開人世。約賽亞之後續娶了教師家族彼得・福格爾之女——阿拜亞・福格爾為繼室，阿拜亞又為他生了十個子女。

到了北美殖民地後，因染布業生意慘澹，約賽亞便改以製作肥皂、蠟燭維生。他多才多藝，除了繪畫，還時常拉提琴唱歌自娛；另外，他對公共事務的熱誠、處事公正且善於決斷，使得家中常有仕紳領袖登門拜訪，詢問他對小鎮的見解與意見，而他自己也時常擔任訴訟的仲裁者。

豐富的學徒生涯

一七〇六年一月十七日，班傑明．富蘭克林出生，約塞亞用摯愛兄長的名字為自己的兒子命名。富蘭克林是十七名子女中最小的兒子，下面還有兩個妹妹。在其他兒子在各種行業當學徒之時，由於約賽亞想將富蘭克林以「什一稅」奉獻給教會，便在八歲時送他進法語學校就讀，但礙於家庭經濟負擔過重，富蘭克林十歲時就輟學返家，幫助父親經營事業。

富蘭克林自幼便喜歡航海，很小就會游泳和划船，對肥皂、蠟燭業興趣缺缺。父親曾經帶他四處觀摩木匠、泥瓦匠、鏇工、銅匠鋪，也讓他跟哥哥班傑明的兒子薩穆爾學製刀，這些豐富的經驗讓富蘭克林對各種機械都略知一二，也能夠在家中做些簡單的機械實驗。最後，富蘭克林選擇到哥哥詹姆士的印刷廠當學徒。

喜愛閱讀的富蘭克林輟學後仍抓緊時間自學，得到的零用錢都花在買書上；也因從事印刷業認識了書店學徒和幾個藏書愛好者，他常在晚間向人借書，熬夜閱讀後趕在第二天一早送還，並悉心留意書的清潔，從不污損。這段時間，富蘭克林的閱讀日益艱深專業，從哲學、數學、邏輯到修辭學，同時一邊練習寫作，並在閱讀特萊昂的書後成為一個素食者（但不嚴格）。詹姆士於一七二一年八月辦了自己的報紙《新英格蘭報》，富蘭克林便藉機偷偷以化名「賽倫斯．杜古德」的女子身分，用第一人稱寫稿投稿。

後來，富蘭克林因與其兄詹姆士不合，而在十七歲時偷偷離家到紐約，輾轉到費城、英國倫敦繼續從事印刷業。不論在何處，他都不斷對公共事務發表評論、對政府投書、發表各式文章，並且也獲得各階層的熱烈迴響與高銷售量，因而認識許多名人並得到青睞，最終得以獨立開辦自己的印刷所，還以勤謹商人的形象深植人心。辦報、雜誌、出版作家作品、開設文具店……，甚至紐約、北卡羅來納、喬治亞、費城附近的蘭卡斯特都有他的合夥人。

風靡歐美的《窮理查年鑑》

一七三二年，富蘭克林不僅創辦了美洲第一所圖書館，發行了他獨資經營出版印刷業以後的第一份報紙，還開始出版他風行一時的曆書。當時，每個家庭都有一本曆書，可說是發行最廣泛的出版物；它的體積剛好可以放進口袋，人們能從中查到月亮圓缺、潮汐漲落、季節變換；還記錄食譜、笑話、詩歌、諺語和各種奇聞怪事；每頁日曆的空白處，可以用來寫日記；孩子也能利用曆書識字。一部暢銷曆書不僅能為出版者帶來巨大財富，還能使編者的聲名遠播。在別家競爭者的曆書早已上市一個多月之際，富蘭克林十二月十九日才開始發行一七三三年的《窮理查年鑑》，但僅三個星期，他的曆書就再刷了三次，發行量大大超越其他曆書。

曆書書名的「窮理查」據說是從哥哥詹姆士所發行的《窮羅賓曆書》而來，而《窮理查年鑑》第一年中關於泰坦．利茲將死於一七三三年十月的預言，可能是學習二十五年前倫敦的喬納森．斯威夫特對約翰．帕特里奇的惡作劇。不過，「窮理查」對人生的體悟及反諷的幽默，全是富蘭克林所原創。

連續二十五年編纂《窮理查年鑑》，富蘭克林的用意在於「教育」。將成語、格言印在書中頁面的空白處，目的就在於教導大眾學習各種美德，以勤儉創造財富。

《窮理查年鑑》不只風行美洲，還席捲了歐洲，不僅為富蘭克林帶來財富，也讓他得到好聲譽。後來，富蘭克林把這些智慧的言語集中編輯，當作智者亞伯拉罕在拍賣場上的演講，名為〈財富之路〉，放在一七五八年《窮理查年鑑》卷首。這些雋語讓讀者印象深刻，而且相當受到歡迎；隨著時光流逝，儘管《窮理查年鑑》原本早已散佚，〈財富之路〉卻以精華版的方式，一再地被引用和閱讀。

多重身分，眼光獨到，投資、教育、研究一把罩

富蘭克林的家設備完善，除了書房、實驗室，連印刷所、店鋪、帳房與一七三七年接管的郵局都設在家中——他幾乎不用出門，就能從事所有活動。他販售的貨品愈來愈多，從文具、書籍、食品，到廚房用具，超過五十餘種；他甚至還為造紙商人收購破布呢！他精通法文、拉丁文、西班牙文、義大利文，一邊思考、研究、寫作，一邊處理、應付商務、公眾及家庭的各類事務，愈來愈繁忙，也愈來愈富有。

富蘭克林是有名的科學家與發明家，不管是電學、大氣變化、氣流學、龍捲風、洋流，都有深入研究，而最為人所知的發明物則是避雷針。他與兒子威廉在大雷雨中用風箏吸引雷電的實驗為人津津樂道，並創造我們今天還在使用的正電、負電、放電等專有名詞。其他發明還有蛙鞋、可省四分之三燃料的節能暖爐、讓近視眼與老花眼者同時可看近看遠的雙焦距眼鏡。他同時也是一位數學家，八階與十六階的魔術方陣都難不倒他，而身為音樂家的他，更發明了玻璃琴。

身為一位教育家，富蘭克林每週與好友聚會一次，發表對政治、哲學、道德的意見，為整個國家社會把脈；北美第一個公共圖書館制度也出自他之手，讓北美其他地區皆紛紛倣效；之後他創辦賓州大學，讓教育更加落實於社會大眾。

富蘭克林。

貢獻卓著的政治生涯

每年富蘭克林都從其他合夥人、城內房地產和貸款利息獲得許多財富，在有錢有閒之餘，也研究哲學、科學，然而，他更重視社會公益，在報章雜誌中不時刊載他的改革理念，也深獲大眾愛戴。政府各部門幾乎同時邀他效勞——市議會議員、治安推事、市參議員、州議會議員……，在政治上，充分發揮其影響力，也朝理想步步邁進。不論參與〈巴黎和約〉的制定，致力美國獨立運動，參加〈獨立宣言〉、《美國憲法》的制定，推行廢除黑奴的奴隸制度，或是成為美國第一位駐法大使，他都是貢獻卓著的政治家、享譽國際的外交家。

沒有不勞而獲的人生

一七九〇年四月十七日，富蘭克林與世長辭，為自己精彩的人生畫下一個平凡的句點，他的墓誌銘上寫著——「印刷工人班傑明．富蘭克林」，表現他謙遜不忘本的態度。他謹守人生的十三條守則，確實不虛度人生的一分一秒，為後人留下可遵循的榜樣：

1 節制。食不過飽，飲酒不過量。

2 慎言。言則於人於己有益，不做無益閒聊。

3 秩序。各樣東西放在一定地方，各項日常事務應有一定的處理時間。

4 果斷。事情當做必做，持之以恆。

5 儉樸。花錢須於人於己有益，絕不浪費。

6 勤勉。珍惜光陰，每時每刻做有用之事。

7 誠懇。以誠待人，言必有中。

8 正直。不惡意中傷他人，不謀私利。

9 中庸。寬大為懷，避免極端。

10 整潔。穿著整潔，生活衛生。

11 冷靜。處變不驚，臨危不亂。

12 貞潔。珍重名譽，潔身自愛。

13 謙虛。以耶穌和蘇格拉底為榜樣，勿恃才而驕，要謙遜待人。

聽富蘭克林說窮理查

當我還是一個小孩子的時候，就很喜歡閱讀了，
所以老是把零用錢花在買書和蒐集書籍上……

* * * * *

因為對書籍感興趣，
所以後來父親決定將我培養成一個印刷工人，
當時我哥哥詹姆士已經在從事印刷工作了。
一七一七那一年，詹姆士從英國回來，
並帶回一臺印刷機和一副鉛字模，準備在波士頓開辦一間小印刷廠。
對我來說，這當然遠勝過父親的職業，不過我內心依舊嚮往著航海生活，
而父親為了防止我將夢想變成現實，立刻叫我去跟著兄長當學徒。
雖然也曾抗拒了一小段時間，最後我還是被他說服去跟詹姆士簽師徒契約。
當時我只有十二歲，
按照我們簽的契約，我的學徒生涯得持續到二十一歲，

而且只有在最後一年才能領到一個專業從業人員應有的薪水。
但我只用了很短的時間就熟練所有的技術，成為兄長的得力幫手。

＊　＊　＊　＊　＊

一七三二年，我以理查．三德氏為名第一次出版了自己編寫的年曆，
後來我又連續編了二十五年，現在人們大都管它叫做《窮理查年鑑》。
我努力將每一年的年曆編得實用而且充滿趣味，
所以風行一時，每年的銷售量都超過一萬本，我也從中獲得了豐厚的利潤。
《窮理查年鑑》在一般百姓之間擁有很多讀者，
整個殖民地境內幾乎都可以看得到它的身影。
當時人們除了曆書其實就很少再買其他的書籍了，
所以我認為這是一個很適合教育百姓們的重要工具。
我把格言印在年曆每頁之間的空白處，
這些格言的內容主要在指引人們勤奮、節儉，累積財富，並進一步培養一些美德。
因為，對一個窮困的人來說，要求他堅持不變地保持誠實廉潔是很困難的，
正如一句諺語所說：「空布袋很難站得直。」

這些格言包含著來自不同時代和許多民族的智慧，
後來我還把它們全都搜集在一塊兒，
以一位智慧老者在商品拍賣會上向人們發表演說的形式，
編寫成一篇前後連貫的演講詞，
以這樣的方式將所有的建議集中起來，在人們心中留下了更深刻的印象。
我把這篇文章放在一七五八年年曆的卷首，受到相當多人的讚賞，
而且歐洲大陸幾乎所有的報紙都轉載了它。
在法國，它還出了兩種譯本；
在英國，這些格言更是被印在大幅的紙張上，張貼在家中；
傳教士和地主們大量訂購，免費贈送給貧苦的教友和佃農。
我的格言勸導人們不要無謂地砸大錢去購買進口奢侈品，
至此之後的數年，當人們看到在賓夕法尼亞累積愈來愈多財富的時候，
有不少人認為是《窮理查年鑑》產生的影響力。

——整理摘自《富蘭克林自傳》

POOR RICHARD ILLUSTRATED.

on INDUSTRY, TEMPERANCE, FRUGALITY &c. by BENJAMIN FRANKLIN.

PUBLISHED BY T.O.H.P. BURNHAM, BOSTON

In acknowledgment of courtesies extended to Howard W. Goodman.

窮理查插圖，內容主要是給人們關於勤勉、節制、節儉等方面的建議、格言，刻繪者為奧利佛・佩爾頓（O. Pelton）。

1733
年

可敬的讀者：

我在此想要獲得您的贊同，因為我撰寫這份年曆並不出於公共福祉以外的任何目的；但我卻又不能表現得太過真摯，因為現今的人們總是過分聰明，反而容易遭到虛假的偽飾所欺瞞。

事實上，我本人窮得過頭，而我的妻子雖然是個好女人，但就像我告訴她的一樣，卻又驕傲過頭。她總是說，實在受不了當她努力付出時，我除了凝望著天上的星辰之外，什麼也不做。她也不只一次威脅說要燒掉我所有的藏書與捕鼠夾（這是她對我那些實驗器材的稱呼），除非我可以拿這些玩意兒給家裡頭帶來點實在的利益。出版商給了我著實豐厚的版稅，所以才能夠開始滿足太座的心意。

的確，這份動機足夠推動我這些年出版這些年度紀事——只要不被我的同學兼好友泰坦・利茲先生的景仰所克制，因為我極不願意損害他任何一點利益。不過，這重障礙（我現在可以很開心地說）很快就能消除了！正如大家所知，避無可避的死神並不會特別疼惜英才，早已為他備妥了喪命鏢，來索命的大姊早就伸出她的奪命剪，那位曠世奇才很快就要撒手人寰了。

根據他要我做的推算，他將死於一九三三年十月十七日午後三時二十九分，就在火星走到太陽和水星的那個時刻，但照他自己的推斷，則會活到當月的二十六日。過去這九年來，我們每次見面都要為這個小小的誤差爭執一番不可，但最後他終於同意我的判斷：我們兩人之中誰算得準，現在只需要再一小段時間就能確定了。因此呢，過了今年，全國大概再也見不到他的任何新作了，我想我可以接起他這份重擔，並獲得公眾的鼓勵。

為此，我更冀望購買我這份年度紀事的讀者不只是當做自己買了一本有用的工具書，更當成自己做了一份善事，就當做是為了您貧困的朋友與僕人吧！

R・三德氏

窮理查教你 變有錢人

荷包一輕，心裡添重擔。
Light purse, heavy heart.

痛飲眨眼三百杯，掏錢卻要找三天。
He that drinks fast, pays slow.

廚房太大間，意志最不堅。
A fat kitchin, a lean Will. [1]

窮理查教你 比別人更成功

要愛缺義氣，要義沒權力，有權沒志氣，立志欠努力，努力沒收益，獲利少德性，全都是個屁。
Relation without friendship, friendship without power, power without will, will without effect, effect without profit, & profit without vertue, are not worth a farto.

曠世天才自己的王國裡住，好比金礦藏深處。
A fine genius in his own country, is like gold in the mine.

三月風，四月雨，才能讓五月更顯得萬人迷。
March windy, and April rainy, makes May the pleasantest month of any.

清白又無辜，就是最佳的辯護。
Innocence is its own Defence.

猜疑為防護之父，謹慎是安全之母。
Distrust & caution are the parents of security.

舌根莫亂嚼，大禍從口出。
Tongue double, brings trouble. [2]

1 a fat kitchin象徵安逸享樂。
2 tongue doble指說話不老實。

窮理查說：

「要是一個人不知道怎麼保存他的所得，就是拉著自己的人生去推石磨，最後死得連頭羊都不值。」（1758〈財富之路〉）

「廚房太大間，意志最不堅。」（1733）

「若想要變有錢，多想著省錢。」（1743）

天下沒有渺小的敵人。

There is no little enemy.

窮理查教你 受益一生的人際攻略

姑息壞胚子，結果反咬你一口；讓他吃苦頭，馬上乖得像條狗。

Anoint a villain and he'll stab you, stab him & he'l anoint you.

人心隔肚皮，西瓜再甜還是隔了一層西瓜皮。

Men & Melons are hard to know.

和狗一起躺下來，起來時跳蚤就會爬滿了背。

He that lies down with Dogs, shall rise up with fleas.

小心在意回鍋肉，莫要輕忽宿敵來低頭。

Beware of meat twice boil'd, & an old Foe reconcil'd.

造訪當短，要像冬日晝短，免得你太快就惹人厭煩。
Visits should be short, like a winters day, lest you're too troublesom hasten away.

窮理查教你 讀心術

上帝時時行奇蹟；看哪！有一個誠實的律師在這裡！
God works wonders now & then; Behold! a Lawyer, an honest Man!

愛之深，責之切。
Love well, whip well.

為富不仁者，好比肥山豬，你要他付出，除非進棺木。
A rich rogue, is like a fat hog, who never does good til as dead as a log.

真金不怕火來煉，考驗女人靠金錸，考驗男人得靠女人念。
The proof of gold is fire, the proof of woman, gold; the proof of man, a woman.

窮理查教你 丟掉壞習慣

藉酒可以找靈感，最終還得靠水清醒定方案。

Take counsel in wine, but resolve afterwards in water.

愈愛唱高調，愈是辦不到。

Great Talkers, little Doers.

吃是為了活，不要為了吃而活。

Eat to live, and not live to eat.

某人有匹馬，勉強剩一眼，硬要換匹馬，全都看不見。

He has chang'd his one ey'd horse for a blind one.

古代的詩人寫得好，時間會將一切都吞盡；只是改朝又換代，現代的人只知狂喝又痛飲。

Time eateth all things, could old Poets say; The Times are chang'd, our times drink all away.

想跟壞蛋打交道，名譽利益都不保。

There is neither honour nor gain, got in dealing with a villain.

要說比傻勁，醉漢第一名。

Nothing more like a Fool, than a drunken Man.

做人缺德沒品行，就好比一身破爛。

He is ill cloth'd, who is bare of Virtue.

只會縱慾恣荒淫，別想千古留姓名。

He that lives carnally, won't live eternally.

窮理查教 你這樣在一起更幸福

除非有幢房子和爐火，否則千萬不要討老婆。

Ne'er take a wife till thou hast a house (& a fire) to put her in.

失去賢內助，就好比搞丟上帝的禮物。
A good Wife lost is God's gift lost.

窮理查教你 給對愛不怕寵壞孩子

偉人命雖好，可惜子孫傳不到。
The favour of the Great is no inheritance.

生前就將所有財產給兒子，一毛也不留；噢，蠢老頭！那好比脫光身子才上床。
The old Man has given all to his Son: O fool! to undress thy self before thou art going to bed.

窮理查教你 健康自己來

想活久一點，吃得少一點。
To lengthen thy Life, lessen thy Meals.

吃藥多沒效，良醫最知道。

He's the best physician that knows the worthlessness of the most medicines.

起司、鹹豬肉，儘量要少碰。

Cheese and salt meat, should be sparingly eat.

嘴要保持濕潤，腳要保持乾燥。

Keep your mouth wet, feet dry.

當心年輕醫生開的藥，小心老理髮師的刮鬍刀。

Beware of the young Doctor & the old Barber.

1734
年

可敬的讀者：

您去年慷慨解囊的義舉，讓我的年曆熱賣，使我處世景況日益好轉，且容我在此致謝。我的妻子總算能為自己買個鍋子，不必再向鄰居賒借；我們也不必擔心家裡沒東西可以下鍋。她也買了雙鞋、兩條連身裙，還有一件可愛的新裙子；至於我，則買了件二手的大衣，這衣服好到我現在不怕上街，也不怕給人瞧見了。這些東西讓她的老脾氣好多了，好到讓我可以大聲說，去年一整年睡得比先前的三年加起來還要更多又更香。因此，請接受我衷心的感謝以及真誠的祈願，祝您富貴又安康。

在我上一本年曆的序言中，預告了我那親愛的老友兼同學的死訊——那位學養豐富而天才洋溢的泰坦・利茲先生，會在一七三三年十月十七日午後三時二十九分，就在那個什麼跟什麼還有什麼發生的同一個時刻去世；而他自己的推算則是說他會活到當月的二十六日，而且會在日蝕之際斷氣，差不多是上午十一點。

那麼他在這些預測時刻當時到底死了沒，我在動筆的此時還不能向讀者們保證；因為我必須處理自己家裡頭的麻煩，使得我無法預期地在他臨終之際陪伴著他、聆聽他的遺言、為他闔上雙眼、在他去世前盡一個朋友最終的責任。所以我也無法確保他到底死了沒，因為星象只顯示給那些有才能的人知道，究竟在自然的普遍因果鏈中會發生什麼事。但是大家都曉得，在自然規律中，某個時刻會發生的事情，有時候會因為某些好理由而由老天直接擱置或延後；然而天意如何，卻不是能夠了解或預知的。

不過呢，（我不得不痛苦地坦言）我那親愛的好友非常可能已經不在人世了；因為有人向我保證，他

的名字還出現在一份一七三四年的年曆上，而那份年曆裡頭又以極為卑劣齷齪的方式來描寫我：稱我是假預言家、無知、鬼扯蛋、蠢蛋、騙子。利茲先生的名號對這種下流無恥之輩來說太好利用了，所以這種小冊子只不過是某些人的狡計，想靠著他的好名聲來賣個兩、三本年曆。不過，說真的，假借一位有教養的紳士之口來批評他的朋友，這種最卑鄙、最惡劣的事情，一般人連酒後口角都羞於開口，不只是對亡者最不可原諒的中傷，也是對公眾的欺詐。

利茲先生不僅是對於他所擅長的學識相當熟悉，同時也是一個神智清明的典範、一位最真摯的朋友、一位言出必行的君子。這些優秀的特質，連同其他的一切，都讓我更加的欽慕他，所以，雖然他可能還在世——儘管這毫無機會，也與我的和他自己的預測全然不符——但我失去預言家這項頭銜所帶來的屈辱，還遠遠不及他健康安全地活著所帶給我的愉悅與滿足。

可敬而仁慈的讀者，我是您貧困的朋友與僕人

R．三德氏，一七三三年十月三十日

窮理查教你 變有錢人

有錢人，錢奴才。
He does not possess Wealth, it possesses him.

貪婪未曾見幸福，怎將兩者當一路。
Avarice and Happiness never saw each other, how then shou'd they become acquainted.

富人何需要吝嗇，吝嗇何需當富人。
He that is rich need not live sparingly, and he that can live sparingly need not be rich.

（語出布莉姬・三德氏，我家太座，答詠的是去年十二月的詩）有人只顧飲酒，不管營生，每晚流連酒肆直到夜深，睡到日上三竿才起身，全家挨餓，何曾在意一分；上帝垂憐，拯救他這個人。只是可憐他老婆，倒楣萬分才會嫁他過一生。
By Mrs. Bridget Saunders, my Dutchess, in Answer to the December Verses of last Year. He that for sake of Drink neglects his Trade, and spends each Night in Taverns till 'tis late, and rises when the Sun is four hours high, and ne'er regards his starving Family; God in his Mercy may do much to save him. But, woe to the poor Wife, whose Lot it is to have him

人若儉約，樣樣都便宜，人要奢侈，樣樣買不起。
All things are cheap to the saving, dear to the wasteful.

窮理查教你 比別人更成功

你若想要過得安心，就做你該做的，而不是自己討開心。
Would you live with ease, do what you ought, and not what you please.

做事不要怕太晚，但是也不要衝太快。
Be not sick too late, nor well too soon.

新的真理是真理，舊的過錯還是錯，只是笨蛋不會分。
A new truth is a truth, an old error is an error, Tho' Clodpate wont allow either.

美酒、佳肴、美女、懶散，都要有所節制；不然痛風會纏著折磨你到死。
Be temperate in wine, in eating, girls, & sloth; or the Gout will seize you and plague you both.

窮理查說：

「管好你的生意；別讓生意駕馭你。」（1738）

「怠惰讓事事皆難事，勤奮讓天下無難事。」（1734，《窮理查年鑑》的版本是：「勤奮者知道，天下無難事；怠惰者只知，事事全難事。」P313）

「早睡又早起，讓你聰明、健康又富裕。」（1735）

登高必自卑。

In success be moderate.

正義一去，勇氣就虛。

Without justice, courage is weak.

謹記窮理查一句話，憤怒行事總會惹笑話。

Take this remark from Richard poor and lame, Whate'er's begun in anger ends in shame.

勿傻，勿精，但要智慧能分明。

Be neither silly, nor cunning, but wise.

窮理查教你 受益一生的人際攻略

想要訪客給笑臉，自己笑臉掛在先，至少看來也要有迎人笑面。

If you wou'd have Guests merry with your cheer, be so your self, or so at least appear.

對朋友好，友誼到老；對敵人好，就是贏得他的心。

Do good to thy Friend to keep him, to thy enemy to gain him.

啥都抱怨，或是啥都稱讚，都是鄉愿大蠢蛋。

Blame-all and Praise-all are two blockheads.

崎嶇地面最容易磨破皮，驕傲者最容易受人抨擊。

As sore places meet most rubs, proud folks meet most affronts.

評人莫只靠一點，要看他種種特質才完全。

Don't value a man for the Quality he is of, but for the Qualities he possesses.

窮理查教你 讀心術

律師、牧師、山雀蛋，老是還沒長好就出頭。

Lawyers, Preachers, and Tomtits Eggs, there are more of them hatch'd than come to perfection.

窮理查教你 思考社會問題

洋蔥很有用，連寡婦和遺產繼承人都能搞哭。
Onions can make ev'n Heirs and Widows weep.

缺德的英雄，不敢面對清白的凡人。
A wicked Hero will turn his back to an innocent coward.

怪事要數這一籌，小工輪班討餬口，好命歹命無輪流。
Strange, that he who lives by Shifts, can seldom shift himself.

困境不顧法律；我知道好些律師就身處困境。
Necessity has no Law; I know some Attorneys of the name.

路上有屍骸，老鷹就飛來，良法靠得住，人人遷來住。
Where carcasses are, eagles will gather, and where good laws are, much people flock thither.

當官守法令，庶民聽官命。

The magistrate should obey the Laws, the People should obey the magistrate.

法網恢恢，卻像蜘蛛網只顧抓蒼蠅，任憑大奸大惡溜過大眼睛。

Laws like to Cobwebs catch small Flies, Great ones break thro' before your eyes.

山姆的宗教就像切達起司，用的是二十一個教區蒐集來的奶汁。

Sam's Religion is like a Chedder Cheese , 'tis made of the milk of one & twenty Parishes.

窮理查教你 這樣在一起更幸福

只要有沒愛情的婚姻，就會有沒婚姻的愛情。

Where there's Marriage without Love, there will be Love without Marriage.

想摘玫瑰總怕刺，想討個漂亮老婆老是怕戴綠帽子。

You cannot pluck roses without fear of thorns, nor enjoy a fair wife without danger of horns.

要駕馭馬兒，坐穩拉緊繩；要駕馭男人，鬆手且放任。

If you ride a Horse, sit close and tight, If you ride a Man, sit easy and light.

窮理查教你 給對愛不怕寵壞孩子

教子首先教修口，他很快就學會說話。

Teach your child to hold his tongue, he'l learn fast enough to speak.

窮理查教你 健康自己來

吃得多，病痛多；藥不少，多沒效。

Many dishes many diseases, many medicines few cures.

熱的食物、辣的食物、甜的食物和冷的食物都易傷牙齒，搞得牙齒像塊老豆腐。

Hot things, sharp things, sweet things, cold things all rot the teeth, and make them look like old things.

吃什麼，就長什麼。

What one relishes, nourishes.

莫看天色雖然清，大衣帶著隨身行。

When 'tis fair be sure take your Great coat with you.

1735
年

可敬的讀者：

這已經是我第三次付梓，於今我可說非常滿足，而且我也希望能夠滿足公眾，因為公眾是慷慨的，對我是如此寬厚又仁慈。我要是沒有把握每次機會表達由衷謝意，就真是太不知感激了。因為「說一個人不知感激，就是說他一無可取」，所以，我要向公眾表達我最謙卑而誠摯的謝意。

不管天體的音樂會是如何，星辰的和聲又是怎樣，可以確定的是——占星家之間從來沒有和諧；他們總是彼此咆哮，好比路上相遇的一群野狗，或像是有些男人成天對老婆那樣叫囂。

我已經下定決心要潔身自好，不要與他們起衝突；我也應該維持這份決心，但是我飽受已故泰坦・利茲先生的毀謗（泰坦・利茲要是還在世，絕不會這樣對我）——我該說，受到泰坦・利茲的幽魂所毀謗。這個幽魂假裝利茲還活著，無視於我和我的預言，繼續撰寫年曆。我不得不說，儘管我強加隱忍，但確實老大不痛快。

首先是因為星象很少失準，尤其對智者來說更是從無遮蔽，正所謂「智者掌天象」，而星象早在我預測時便已經昭告了他的死期。其次，為了占星術的名聲，畢竟他父親和他自已都相當精熟這項技藝，他非得要在那個當下過世不可。第三，每個讀過他最後兩本年曆（一七三四年到一七三五年）的人都明白，這兩本絕不是藉著他「生前」寫作時的才能所寫出來的；那裡頭的說法低級又平板，連一點點小暗示都顯得呆板無趣，完全沒有一點智慧，只有去年開頭批評占星術的一篇滑稽詩！只有死了的星象家才會寫出這種東西，也沒有任何活著的人會如此或能這樣寫出其他的玩意兒。

不過，最後我該用他自己的話來說服他自己已經死了（他自己詛咒的），因為在他一七三四年的年曆序言中，就這樣說：「三德氏在他的年曆裡加進了一段粗劣的謊言，也就是說，我自己推測我應該會活到一七三三年的十月二十六日，但那完全是假的。」

假使真如利茲所說，「他會活到一七三三年的十月二十六日是假的」是段粗劣的謊言，那麼真相就是他會在那個時刻「之前」過世：而如果他在那個時刻之前就過世，那現在也會是死了的，雖然說從種種意圖與用心來看，他可能會說與這完全相反的話來。

那麼在二十六日之前他何時有可能死呢？是像我先前預期的，也就是在十月十七月嗎？如果有些人在死後還要奔波勞碌，這樣的人大概很少，因為除非有人痛苦地讓他們在紅海裡犧牲，否則很難避免；不過他們不該預設他們能有太多自由；我知道對於天文學家的自由精神來說，有限制必定會是極大的苦楚，而我對那幽靈的反應也太容易衝向極端了；然而，雖然我已勉強下定決心，但要是那幽靈不趕緊學會怎麼好好對待它活著的友人，我也不該再忍讓下去了。

可敬的讀者，我是您忠誠的朋友與僕人

R・三德氏，一七三四年十月三十日

窮理查教你 變有錢人

小房子住得好，小田地耕耘好，家裡老婆心地好，才是真富豪。

A little House well fill'd, a little Field well till'd, and a little Wife well will'd, are great Riches.

管好你的店，你的店就會保住你。

Keep thy shop, & thy shop will keep thee.

窮困會想要有東西，奢華要的是許多東西，貪婪則要所有東西。

Poverty wants some things, Luxury many things, Avarice all things.

窮理查教你 比別人更成功

改正一個錯誤，相當於發現兩個錯誤，不過，能夠發現一個錯誤，卻又好過犯下兩個錯誤。

One Mend-fault is worth two Findfaults, but one Findfault is better than two Makefaults.

窮理查說：

「管好你的店，你的店就會保住你。」（1735）

「如果你想搞定，趕緊去做：如果不想搞定，早早撤手。」（1743）

偉人能謙卑，尊崇變兩倍。

Humility makes great men twice honourable.

太陽從來不悔過，也從不要求有報酬。

The Sun never repents of the good he does, nor does he ever demand a recompence.

向前看，免得落後一大群。

Look before, or you'll find yourself behind.

為了自己，否定自己。

Deny Self for Self's sake.

為了他人使你失望而生氣？切記你可沒法一切靠自己。

Are you angry that others disappoint you? remember you cannot depend upon yourself.

勤勉有耐心，老鼠咬斷粗鋼筋。

By diligence and patience, the mouse bit in two the cable.

窮理查說：

「勤勉有毅力，老鼠咬斷粗鋼筋。」（1735）

「勤勉是幸運之母，努力勤勉，上帝就賜你一切恩典。」（1758〈財富之路〉）

承受傷害多，比傷人好過。

It is better to take many Injuries than to give one.

驕傲若要做前鋒，赤貧便會當後衛。

If Pride leads the Van, Beggary brings up the Rear.

對上級謙卑是責任，對平輩謙卑是禮貌學問，對弱者謙卑則是高尚人。

To be humble to Superiors is Duty, to Equals Courtesy, to Inferiors Nobleness.

謊言只靠獨腳撐，實話兩腳站得穩。

A Lie stands on 1 leg, Truth on 2.

報復字母雖少數，字詞卻常引報復。

There's small Revenge in Words, but Words may be greatly revenged.

難題總求審慎解。

Weighty Questions ask for deliberate Answers.

人如果荒謬可笑，不是源自於他天生的特質，是他學來的習性才導致。
A man is never so ridiculous by those Qualities that are his own as by those that he affects to have.

窮理查教你 受益一生的人際攻略

隨聲附和者，千萬別信賴。
Approve not of him who commends all you say.

挑朋友要慢，要比換朋友更慢。
Be slow in chusing a Friend, slower in changing.

隨時彬彬有禮，其實做作到底。
Full of courtesie, full of craft.

若要三人能守密，其中兩個得死去。
Three may keep a Secret, if two of them are dead.

窮理查教你讀心術

你說什麼，莎爾都笑。何解？她的牙齒白又好。

Sal laughs at every thing you say. Why? Because she has fine Teeth.

千里來求親，不是被騙就是騙人精。

He that goes far to marry, will either deceive or be deceived.

只要傻事能討好，傻子就更會耍寶。

Ever since Follies have pleas'd, Fools have been able to divert.

要比蜜還甜，只有錢。

Nothing but Money, is sweeter than Honey.

糟糕的評論家總是會搞砸最好的書，所以，（他們說）上帝送來的肉都給了惡魔去烹煮。

Bad Commentators spoil the best of books, so God sends meat（they say）the devil Cooks.

有些聰明腦袋瓜子，也是填不飽肚子。

There's many witty men whose brains can't fill their bellies.

窮理查教你 丟掉壞習慣

懶惰又沉默，傻人當美德。

Sloth and Silence are a Fool's Virtues

窮理查教你 思考社會問題

窮人奔波求填肚，富人奔波卻是為了騰空肚子裝食物。

The poor man must walk to get meat for his stomach, the rich man to get a stomach to his meat.

窮人總是沒有划算的買賣。

Necessity never made a good bargain.

國王的起司有一半浪費在把皮給削掉；不過沒關係，削的都是民脂民膏。

The King's cheese is half wasted in parings: But no matter, 'tis made of the peoples milk.

大多數人稱讚的，他們就鄙棄如糞土，「因為這樣看起來，人類才有在進步。」

If what most men admire, they would despise, 'Twould look as if mankind were growing wise.

1736
年

親愛的讀者：

您對我先前一切努力的仁慈接納，鼓勵我繼續從事寫作，雖然說您對我普遍的讚譽已經引起了某些人的嫉妒，而且為我招來了他人的惡意攻訐。

這些說我壞話的人，不顧我藉由準確預測另一位紳士的死期所建立起的良好聲譽，想方設法要用最有效的方式，說從來沒有我這個人的存在，想要一次就將我的聲譽破壞殆盡。他們的說法很簡短，說我這個人從來就不曾存在過；而且他們還在這個國家裡頭到處散播這樣的想法，讓許多不認識我的人也經常當我的面這樣說。

這不是種文明的舉動，居然要把我的存在徹底消滅，要將我在公眾意見之中化為虛無。不過，只要知道自己能吃能喝、能走能睡，我就為真的有我這麼一個人存在感到滿足了，才不管他們那些徹底相反的說詞。這世界也同樣可以獲得滿足；因為如果沒有我這個人存在，我又怎麼能夠公開向成千上百的民眾出版言論，就像我前幾年所做的呢？

的確，要不是為了我的出版商起見，我根本就不需要把這種呆板的宣稱當真，因為我的敵人很樂於把我的作品歸罪到出版商頭上。不過，我的出版商看來並不願意養育我的子女，正如同我不願放棄這份責任一樣，因此，為了徹底還他一個清白，同時也為我自己正名，我在此公開嚴正聲明，希望能取信於各位共作見證：「我迄今所寫的一切，還有沒寫的一切，既不是也絕不會是某個或某些人捉刀。」對這項聲明還有不滿意的人，想必非常不理性。

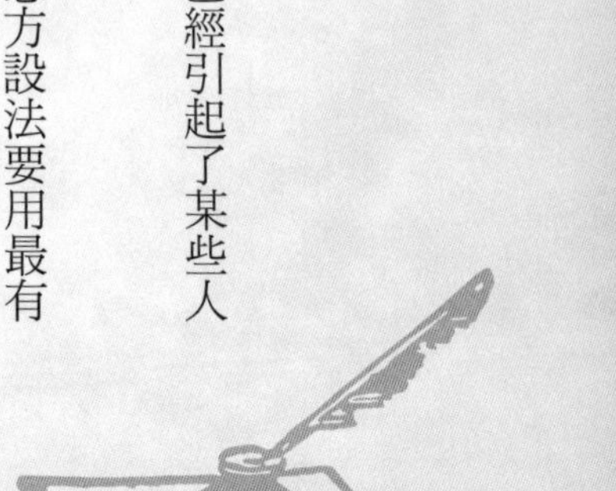

我今年的作品如下，謹呈仁慈的讀者您過目，並祈求以您的公正坦率，海涵一切錯誤。我這本書全然是為了您而做，而且將永遠為您效勞：假使有一絲絲好運，使這本書能夠取悅閣下，那就是給我的最佳禮物了。

窮理查・三德氏

窮理查教你 變有錢人

懂得量入為出，就是懂得煉金術。

If you know how to spend less than you get, you have the Philosophers-Stone.

財富不在累積多，真能享受才快活。

Wealth is not his that has it, but his that enjoys it.

嗜欲若多，再多東西都嫌少。

If you desire many things, mang things will seem but a few.

窮理查教你 比別人更成功

想要一生平安又順遂，就不要把所知的一切都拿來說嘴，也不要把所見的一切都當絕對。

He that would live in peace & at ease, must not speak all he knows, nor judge all he sees.

後見之明易，先見之明難。
Tis easy to see, hard to foresee.

人若出賣信任，失去一堆友人，而且貪錢永不嫌過分。
He that sells upon trust, loses many friends, and always wants money.

天助自助者。
God helps them that help themselves.

沒摸清門道，別妄動手腳。
Do not do that which you would not have known.

豬要肥美，人要德美。
The excellency of hogs is fatness, of men virtue.

不窺視他人信件、不竊取他人財產、不探聽他人祕密。
Nor Eye in a letter, nor Hand in a purse, nor Ear in the secret of another.

有恆者，事竟成。

He that can have Patience, can have what he will.

努力為幸運之母。

Diligence is Mother of Good-Luck.

窮理查教你受益一生的人際攻略

魚兒三日臭，訪客三日腥。

Fish & Visitors stink in 3 days.

腐爛蘋果，會污了周遭蘋果。

The rotten Apple spoils his Companion.

若有空穴來風往臉送，堅定意志，小心慎重。

If wind blows on you thro' a hole, make your will and take care of your soul.

莫誇自家酒，莫讚自家馬，莫捧枕邊人。

Never praise your Cyder, Horse, or Bedfellow.

家中窗戶若是玻璃做，就不要向鄰戶砸石頭。

Don't throw stones at your neighbours, if your own windows are glass.

說的愈多，錯愈多。

He that speaks much, is much mistaken.

謹慎之人罕開口，八卦當做祕密守。

In a discreet man's mouth, a publick thing is private.

窮理查教你 讀心術

缺席絕非沒犯錯，出席也總有藉口。

The absent are never without fault, nor the present without excuse.

想要騙光男人錢，三樣法寶最靈驗：馬匹、假髮、老婆拋媚眼。
Three things are men most liable to be cheated in, a Horse, a Wig, and a Wife.

戀人、旅人與詩人，都會掏錢說心聲。
Lovers, Travellers, and Poets, will give money to be heard.

爭論時刻，六親不認。
Bargaining has neither friends nor relations.

窮蹇、詩篇與新的榮譽頭銜，把人變得荒謬又可憐。
Poverty, Poetry, and new Titles of Honour, make Men ridiculous.

送禮得當，能裂解「冰塊」。
Gifts burst rocks.

此謂「勇夫」！不存在的獅子抓得住，看見老鼠就跑路。
Here comes Courage! that seiz'd the lion absent, and run away from the present mouse.

瑪麗那張嘴，不必她花費，只要她開口，都是別人要倒楣。
Mary's mouth costs her nothing, for she never opens it but at others expence.

欠債的總比不上債主記性佳。
Creditors have better memories than debtors.

羨慕是無知之子。
Admiration is the Daughter of Ignorance.

傳道最勤屬螞蟻，口中從不說一語。
None preaches better than the ant, and she says nothing.

錙銖必較顧自身，更是顧及其他人。
He that buys by the penny, maintains not only himself, but other people.

天下沒有受騙的人，只是有人信以為真。
There's none deceived but he that trusts.

老闆發薪如果痛快，定是他處拿錢來發派。

The good Paymaster is Lord of another man's Purse.

瞎子的老婆化濃妝，到底是為什麼？

Why does the blind man's wife paint herself.

窮理查教你 丟掉壞習慣

生前靠奢望，死時屁亂放。

He that lives upon Hope, dies farting.

敢將棘刺四處撒，就不要赤足走天下。

He that scatters Thorns, let him not go barefoot.

武力強逼，理性就倒地。

Force shites upon Reason's Back.

很少見到人餓死，吃到撐死的人倒有十萬個。
I saw few die of Hunger, of Eating 100000.

窮理查教你 這樣在一起更幸福

想要良妻和良田，全靠丈夫自身賢。
Good wives and good plantations are made by good husbands.

結婚娶妻，小心在意（娶妻入戶，有伴相護）。
He that takes a wife, takes care.

窮理查教你 給對愛不怕寵壞孩子

麻布切忌放火邊，孩子切忌遊戲擺面前。
Keep flax from fire, youth from gaming.

窮理查教你 健康自己來

借問美國姑娘，為何牙齒爛光光？答案是，吃了太多冷凍蘋果和熱湯。

Maids of America, who gave you bed teeth? Answ. Hot Soupings & frozen Apples.

1737
年

可敬而仁慈的讀者：

這是我第五次公開露面，為我正直的同胞們指明來年的運勢，預告將來必定會、可能會，以及不會發生的一切；這能使大眾感到滿意，實在是令我不勝榮幸之至。

的確，在眾多的星象預測之中，難免會有少數預測失準的時候；大家都知道，單單一次錯誤的推測，就有失之毫釐、謬以千里的可能，但是這無損於這項技藝本身。然而，儘管我們這些年曆作者可能在某些其他事項上「出岔」，不過，我相信大家都會同意我們總還是「算準日子」，這也是我認為一本年曆中最有用之處。

至於天氣，要是我沉淪到用我兄弟（J--n）偶爾採用的那種方法，告訴你「這裡或新英格蘭會下雪」、「這裡或南加州會下雨」、「北部寒冷」、「南部溫暖」等等，那麼無論我可能出了什麼錯，都應該不至於受這些錯誤所牽連。

不過我認為，知道千里之外的天氣如何對大眾並沒有任何好處，因此我要確切地告訴讀者，在某時某地會遇上什麼樣的天氣。

我們謙卑地期待閣下容許天氣預報可以涵蓋到預測當日的前兩天或後兩天。如果屆時天氣並非如此，請怪罪出版商，因為很可能是他為了要安排自己的假期而有所調動或誤植了。既然我的知無不言讓人們也將出版我的年曆歸功於他，那麼他也該承受某些責難。

在此，我不能不感謝公眾迄今對我親切又和藹的萬分鼓勵，但是，如果購買我作品的消費者能夠了

解：他的五便士可以使一個窮人和一個誠懇的好婦人滿心歡喜，為他們燃起溫暖的爐火、添購鍋碗、斟滿酒杯，那麼儘管他的年曆有半本都是白紙，也不會認為他的錢白花了！

朋友與僕人
R・三德氏

窮理查教你 變有錢人

用錢有術才是有錢的所有好處。

The Use of Money is all the Advantage there is in having Money.

省一分錢就是賺兩分錢，每天省個一毛錢，一年就賺四塊錢。有省就有得，積少能成多。

A Penny sav'd is Twopence clear, A Pin a day is a Groat a Year. Save & have. Every little makes a mickle.

為人誠實又精打細算，一年雖只賺六英鎊，用處如同一百英鎊。

For 6£. a Year, you may have the Use of 100£. if you are a Man of known Prudence and Honesty.

付錢若樂意，用錢就積極：所以才會說，買下貨品者，為貨付盈利。

He that pays ready Money, might let that Money out to Use: so that he that possesses any Thing he has bought, pays Interest for the Use of it.

天天浪費賺取四便士的時間，等於日復一日浪費了每天利用一百英鎊[3]的特權。

虛度賺取五先令的光陰，白白失去五先令，更像是把錢丟到水裡般「精明」。丟掉五先令，不只失去小數目，更沒了拿錢交易的好處，累積到老，可就少了一大筆錢可舒服。

He that wastes idly a Groat's worth of his Time per Day, one Day with another, wastes the Privilege of using 100 l. each Day. He that idly loses 5 s. worth of time, loses 5 s. & might as prudently throw 5 s. in the River. He that loses 5 s. not only loses that Sum, but all the Advantage that might be made by turning it in Dealing, which by the time that a young Man becomes old, amounts to a comfortable Bag of Money.

賣貨講信用，不會亂抬價，等於賺到他好像損失的本金與盈利：也就是——買家挑信用，為貨付盈利。

He that sells upon Credit, asks a Price for what he sells, equivalent to the Principal and Interest of his Money for the Time he is like to be kept out of it: therefore he that buys upon Credit, pays Interest for what he buys.

好多交易實在太可笑，雖然買家自己不知道；看看某甲的馬兒和某乙的房子，到底有多好。

There is much money given to be laught at, though the purchasers don't know it; witness A's fine horse, & B's fine house.

3 一英鎊相當於二百四十便士，一先令相當於十二便士。

要謹慎考慮，當你想買非必需的家用品，或者任何不實用的物品，是否願意當你在世時付那筆利息錢，還有利息錢的利息錢；更甭提物品折損後要花的錢。

Consider then, when you are tempted to buy any unnecessary Housholdstuff, or any superfluous thing, whether you will be willing to pay Interest, and Interest upon Interest for it as long as you live; and more if it grows worse by using.

買貨之時，掏錢最好要痛快，因為講信用的賣家，會預期有百分之五的壞帳；所以他會在貨品的標籤上，將預期的損失先加上。挑信用的買家，就得支付這筆帳。掏錢若痛快，或許就能免掉這筆帳。

Yet, in buying Goods, 'tis best to pay ready Money, because, He that sells upon Credit, expects to lose 5 per Cent. by bad Debts; therefore he charges, on all he sells upon Credit, an Advance that shall make up that Deficiency. Those who pay for what they buy upon Credit, pay their Share of this Advance. He that pays ready Money, escapes or may escape that Charge.

窮理查教你 比別人更成功

良言不如善行。

Well done is better than well said.

從來不曾親眼目睹，經常移植的樹木或經常搬遷的家族，能繁衍得像定居者一樣富庶。
I never saw an oft-transplanted tree, nor yet an oft-removed family, that throve so well as those that settled be.

若將祕密對人講，你的自由就賣光。
To whom thy secret thou dost tell, to him thy freedom thou dost sell.

同時追趕兩匹馬，這匹跟丟那匹落。
He that pursues two Hares at once, does not catch one and lets t'other go.

對一個吝嗇鬼說他有錢，對一個女人說她上了年紀，你既拿不到一毛錢，也見不到好脾氣。
Tell a miser he's rich, and a woman she's old, you'll get no money of one, nor kindness of t'other.

一名旅人必須要有三項寶貝：野豬一般的鼻子、野鹿一般的腿，還有驢子一般的鐵背。
A traveller should have a hog's nose, deer's legs, and an ass's back.

窮理查說：

「從來不曾親眼目睹，經常移植的樹木或經常搬遷的家族，能繁衍得像定居者一樣富庶。」(1737)

「搬家三次，糟得像是失火一次（1758〈財富之路〉）——滾石不生苔。」

歷經苦難和損失，會使人變得謙卑睿智。
After crosses and losses, men grow humbler & wiser.

要成人中豪傑，就靠意志堅決。
The Master-piece of Man, is to live to the purpose.

世上最尊貴的問題，就是：「我這麼做能成就什麼善？」
The noblest question in the world is What Good may I do in it?

能安身立命，比能寫書更聰明。
He that can compose himself, is wiser than he that composes books.

窮理查教你 受益一生的人際攻略

把信寫好等郵差，別讓郵差苦等待。
Let the Letter stay for the Post, and not the Post for the Letter.

一個人受大眾信任，不是由於他自身，而是來自於眾人。

Nec sibi, sed toto, genitum se credere mundo.

寧可死時找仇敵，別在生前欠人情。

Tis better leave for an enemy at one's death, than beg of a friend in one's life.

人際關係最極致，是朋友明智而信實。

No better relation than a prudent & fuithful Friend.

窮理查教你 丟掉壞習慣

要是有時間，就別再等空閒。

If you have time dont wait for time.

別對你的醫生與律師亂說話。

Don't misinform your Doctor nor your Lawyer.

別不舒服就看醫師，別起口角就找律師，別口一渴就找瓶子。

Don't go to the doctor with every distemper, nor to the lawyer with every quarrel, nor to the pot for every thirst.

窮理查教你 讀心術

吝嗇鬼的起司最有益健康。

The misers cheese is wholesomest.

最差勁的車輪叫得最大聲。

The worst wheel of the cart makes the most noise.

愛戀、咳嗽和吸煙，都沒辦法藏著人不發現。

Love, Cough & a Smoke, can't well be hid.

想要有個順心的僕役，那就凡事靠自己。

If you'd have a Servant that you like, serve your self.

能徒步千里，養得出好馬（吃過苦者懂珍惜）。

He that can travel well afoot, keeps a good horse.

窮理查教你 思考社會問題

夾在兩名律師中間的鄉下人，就好比魚兒放在兩隻貓中間（沒得翻身）。

A countryman between 2 Lawyers, is like a fish between two cats.

好律師，壞鄰居。

A good Lawyer a bed Neighbour.

債主是迷信的一群人，凡事都要挑日子看時辰。

The Creditors are a superstitious sect, great observers of set days and times.

寶座頂天的君主，最該坐在他自己的屁股上。

The greatest monarch on the proudest throne, is oblig'd to sit upon his own arse.

攻取城池的人夠厲害，能夠休息的人更偉大。
He that can take rest is greater than he that can take cities.

底下三者，無疑都是同一種人，牧師、律師和死神：死神帶走弱小的人，也帶走強壯的人；律師不論是與非，都照樣收費；牧師不管生或死，都得拿錢才能夠要他辦事。
Certainlie these things agree, The Priest, the Lawyer, & Death all three: Death takes both the weak and the strong. The lawyer takes from both right and wrong, And the priest from living and dead has his Fee.

窮理查教你 這樣在一起更幸福

愛情與權力，最受不了別人來共享。
Love & lordship hate companions.

沒有醜陋的愛情，也沒有美麗的監獄。
There are no agly Loves, nor handsome Prisons.

好布料、女孩和黃金，全都亮晶晶，別只靠燭火就想挑得清。

Fine linnen, girls and gold so bright, Chuse not to take by candle-light.

窮理查教你 健康自己來

一日三大餐，生活準完蛋。

Three good meals a day is bad living.

1738
年

親愛的讀者們：

我丈夫上星期前往波多馬克河，去拜訪他熟識的一位老星象觀察家，順道尋覓會不會有讓我們棲身終老的小地方。他將他這本年曆封好，囑咐我寄給出版商。我覺得有點兒不太對勁，所以當他一出門，我就拆了開來，看看他是否還再大吐那些抱怨我的苦水了。

正如我所料，果然如此，而且的確，（我猜，他大概沒什麼別的好說的了）他還在他的序言裡頭說，他的太太布莉姬如此這般又那樣，這真是夠了！我難道就不能夠犯一、兩個小錯，還非得印給全國的人看才行嗎？

我有時候被說成太驕傲，有時候又被講成太嘮叨；還得讓人家知道我買了新裙子，還有一大堆這些那些的。現在，當然了！全世界還都該知道，窮迪克的太太最近還趕流行，偶爾喝點下午茶。真的，這麼大件事還得編首歌兒來唱才行！的確，我去年的確收到出版商送來的茶當禮物；但是，怎麼著，非得把它丟了不可？

總之，我認為那份序言沒資格出版，所以我把它徹底扯碎了，而且我相信，你不會因此而對我們這本年曆感到有所缺憾。

在仔細檢查各個月分之後，我發現他今年寫了一大堆壞天氣；所以我把晴天、大太陽、好天氣等等，分散寫在某些地方，好讓太太們能夠晾衣服。不過，要是老天不從人願，至少我也展現出我的善意了；我希望至少太太們能接受這部分。

我還打算再另外做些修正，尤其是把某些我不太喜歡的詩句改一改，但是，我現在卻不小心打破了眼鏡，使得我只能作罷，並於此作結。

您可愛的朋友
布莉姬・三德氏

窮理查教你 變有錢人

買你不需要的東西；持續賣掉你的生活所需。
Buy what thou hast no need of; and e'er long thou shalt sell thy necessaries.

別拿美德換富裕，別拿自由換權力。
Sell not virtue to purchase wealth, nor Liberty to purchase power.

管好你的生意；別讓生意駕馭你。
Drive thy business; let not that drive thee.

窮理查教你 比別人更成功

沒有什麼比過度的快樂更痛苦；也沒有什麼比過多的自由（或放縱）更令人感到束縛。
Nothing brings more pain than too much pleasure; nothing more bondage than too much liberty,（or libertinism.）

連一分鐘都沒把握，就更別浪費一整個鐘頭。

Since thou art not sure of a minute, throw not away an hour.

可靠的朋友有三種，老妻、老狗和閒錢。

There are three faithful friends, an old wife, an old dog, and ready money.

行善莫推遲；別像聖喬治，雖然是騎士，上馬卻是沒半次。

Defer not thy well-doing; be not like St. George, who is always a horseback, and never rides on.

殺價還不算太丟臉，勝過鞠躬哈腰去討恩典。

'Tis less discredit to abridge petty charges, than to stoop to petty Gettings.

寫作該當學風雅，說話須得庶民化。

Write with the learned, pronounce with the vulgar.

在凱撒心裡頭，凱旋戰車不足奇，戰勝自己才得意。

Caesar did not merit the triumphal Car, more than he that conquers himself.

若是能有德，會比國王還快樂。
You may be more happy than Princes, if you will be more virtuous.

讀書要能收穫多，不在書本數量多。
Read much, but not many Books.

對於快樂能放手，快樂自然跟你走。
Fly Pleasures, and they'll follow you.

閱讀讓人更豐富，沉思令人有深度，討論使人更清楚。
Reading makes a full Man, Meditation a profound Man, discourse a clear Man.

做了你不該做的，就會聽到你不想聽的。
If you do what you should not, you must hear what you would not.

注意他人的優點，當心自己的缺陷。
Search others for their virtues, thy self for thy vices.

窮理查說：

「對於快樂能放手，快樂自然跟你走。」（1738）

「好的紡紗工，輪班時間長。」（1756）

「我今有牛又有羊，大伙兒都說我此後運道旺。」（1736）

好人才懂得怎麼樣懺悔，好人才知道自己行止有虧。
None but the well-bred man knows how to confess a fault, or acknowledge himself in an error.

學好人或裝好人，大有不同該區分。
There is much difference between imitating a good man, and counterfeiting him.

有了學問與聰明，還得學會智慧與謙虛。
If thou hast wit & learning, add to it Wisdom and Modesty.

窮理查教你 受益一生的人際攻略

若有人捧我，我也回捧他；把他當成是最好的朋友那樣誇。
If any man flatters me, I'll flatter him again; tho' he were my best Friend.

既然連自己藏在牙裡的舌頭都管不住，又怎能盼望拿其他人嚼舌根有法度？
Since I cannot govern my own tongue, tho' within my own teeth, how can I hope to govern the tongues of others?

吃要使自己開心，打扮則得討人歡心。
Eat to please thyself, but dress to please others.

窮理查教你 讀心術

長舌的人都應該把耳朵剪掉，因為他們根本不需要。
Great talkers should be cropt, for they've no need of ears.

祝小氣鬼長命百歲，實在是一點好處也沒。
Wish a miser long life, and you wish him no good.

窮理查教你 丟掉壞習慣

要為自己言不及義負責任，所以別呆呆地默不吭聲。
As we must account for every idle word, so we must for every idle silence.

除了讓自己難過，還有啥更教人痛苦？
Is there any thing Men take more pains about than to render themselves unhappy?

小錯得過且過；大過就得牢記心頭。
Wink at small faults; remember thou hast great ones.

別懇求僕役跟你住一起。
Never intreat a servant to dwell with thee.

別讓壞習慣活得比你長。
Let thy vices die before thee.

每年根除一個壞習慣，惡棍遲早也能變好漢。
Each year one vicious habit rooted out, in time might make the worst Man good throughout.

除了你自己，還有誰更常騙你？
Who has deceiv'd thee so oft as thy self?

我從沒看過能將鉛變黃金的賢者之石，倒知追求這東西會將人的優點變成渣滓。

I have never seen the Philosopher's Stone that turns lead into Gold, but I have known the pursuit of it turn a Man's Gold into Lead.

窮理查教你 思考社會問題

古人告訴了我們什麼是最好的；但我們得從現代人身上發現什麼才是最適合的。

The ancients tell us what is best; but we must learn of the moderns what is fittest.

天佑國王，讓他統治得夠長。

God bless the King, and grant him long to Reign.

窮理查教你 這樣在一起更幸福

婚前睜大眼，婚後半睜一隻眼、半閉一隻眼。

Keep your eyes wide open before marriage, half shut afterwards.

窮理查教你 健康自己來

許願求長壽，不如祈求好生活。

Wish not so much to live long as to live well.

1739

年

仁慈的讀者：

受到您先前的慷慨所激勵，謹此向您呈獻本年曆，也是我的第七本著作。當您慷慨解囊，使我能添購家用必需，窮迪克也不忘要做些什麼來回報您的恩德。我觀測星象就像是老貝絲監督著她女兒一樣，使您能早早知悉她們的一舉一動，而且還要細述她們的影響與效果，好讓您得到比夢見去年的積雪還要更多的好處。無知的人會懷疑，星象學家能夠對天氣預測得如此準確，必定是跟古老的黑魔鬼訂下了交易。欸！這簡直就跟尿床一樣簡單。比方講，觀星者透過一只望遠鏡窺測天象：他可能會看到金牛座，也就是那頭巨牛，在那陣狂奔之中，蹬著地板，甩動尾巴，伸長了脖子，咧開大嘴。從外觀上，很容易就能判斷出這頭憤怒的公牛在噴氣、喘息、咆哮。考量距離遠近，以及來到此處所需的時間，就能夠知道什麼時候刮風打雷。

他也可能看到了處女座（也就是那位少女），她將頭轉向一邊，彷彿有人在窺視著她；微微彎著身子，手放在膝上，她若有所思地望向前方。星象學家能夠正確判斷出她在做什麼：經過計算距離與所需時間，就會發現來年春天會有好一場四月雨。還有什麼能比這更自然、更簡單呢？我還可以舉出許多其他例子，但這已經足以證明我們不是魔法師了。

星象中蘊含了多麼奧妙的知識啊！即使是最細微的事項都載明在裡頭，只要你有技巧就可以判讀。當我的兄弟J-m-n想要知道，到底是餵他那匹病馬一顆生雞蛋或餵點湯才對馬兒最好時，他發現星象明白指示要餵湯，所以就讓馬兒喝了他的湯。現在，那匹馬怎麼樣了？你應該知道我接下來要說的了。

除了在年曆之中常見的一般事項之外，我希望專業的人群導師能夠原諒我在書裡頭到處提供一些關於道德和宗教的訣竅。而且，噢，莊重而清醒的讀者，如果我書中有許多嚴肅的話語使你們覺得我絮絮叨叨、了無新意，也請不要覺得困擾。我至今為您準備的餐點，都能夠保證物有所值——有些從智慧書上節錄來的話語，如果好好利用，可以為您的心靈提供豐富滋養；容易嘔吐的人吃飯不能沒有醬瓜，那雖然沒有其他好處，至少還能開開胃——如果有虛浮的年輕人純粹為了笑話而讀我的年曆，或許會歷經到深刻的反省，使他終生受用無窮。

有些人觀察我的年曆年銷量，推測我現在應該已經變有錢，不該再自稱窮迪克了。但是，實情是，我一開始出書時，出版商與我對我的著作簽訂了一份合同，而他才是從中獲得最大利益的人。然而，雖然他賺了大部分的錢，我也不埋怨他。他是我所重視的人，我期待他能夠賺上比現在更多十倍的錢。因為，親愛的讀者，我是他的，更是您重情義的朋友。

R．三德氏

窮理查教你 變有錢人

好好裝潢你的房子，別用你的房子來裝飾你。
Grace thou thy House, and let not that grace thee.

付清你所欠的，就知到底哪些才是你自己的。
Pay what you owe, and you'll know what's your own.

窮理查教你 比別人更成功

一無所求的人有福氣，因為他永遠不會失望和喪氣。
Blessed is he that expects nothing, for he shall never be disappointed.

沒德行就沒自由；這律則對個人公眾都適用。
No longer virtuous no longer free; is a Maxim as true with regard to a private Person as a Common-wealth.

兢兢業業，不需許願。
Industry needs not wish.

相信你自己，對方永遠不會背叛你。
Trust thy self, and another shall not betray thee.

別聽信朋友的閒話，也別說敵人壞話。
Hear no ill of a Friend, nor speak any of an Enemy.

好好過活，才能讓你長命；因為愚笨跟邪惡都要人短命。
If thou wouldst live long, live well; for Folly and Wickedness shorten Life.

重要時刻，要能自我克制。
At a great Pennyworth, pause a while.

將你的不滿當祕密。
Let thy Discontents be Secrets.

窮理查說：

「買你不需要的東西；持續賣掉你的生活所需。」（1738）

「重要時刻，要能自我克制。」（1739）

「很多人因為買了便宜的好東西而從此受害無比。」（1747）

你要是傷害良心，良心不會放過你。

If thou injurest Conscience, it will have its Revenge on thee.

不要自誇你所知，不要自滿你所持，不要自負你所有，不要自矜你所能。

Proclaim not all thou knowest, all thou owest, all thou hast, nor all thou canst.

讓先人受評斷時是依他們自己所長，讓我們受評斷時是看我們自己有多善良。

Let our Fathers and Grandfathers be valued for their Goodness, ourselves for our own.

窮理查教你 受益一生的人際攻略

你沒辦法戲弄敵人當你朋友，但是你可以戲弄朋友成為敵人。

Thou canst not joke an Enemy into a Friend; but thou may'st a Friend into an Enemy.

小心脾氣來得慢的人：他們都是有原因才動氣，而且不會沒事就消氣。

Beware of him that is slow to anger: He is angry for something, and will not be pleased for nothing.

去愛，就被愛。
Love, and be lov'd.

惠而不費的事情不必去吝惜，好比禮貌、勸言和鼓勵。
Be not niggardly of what costs thee nothing, as courtesy, counsel, & countenance.

窮理查教你 丟掉壞習慣

今後悔改的決心，沒有一個是真心。
No Resolution of Repenting hereafter, can be sincere.

窮理查教你 讀心術

眼睛跟牧師都受不了趣事。
Eyes & Priests bear no Jests.

波里歐對一切內在事物都看不起，買書時就像獵人捕海狸——只要那張皮。
Pollio, who values nothing that's within, buys Books as men hunt Beavers, —for their Skin.

當死神吹滅了我們的生命燭光，燭芯會說話，從氣味就能知道，我們到底是牛油還是蜜蠟。
When Death puts out our Flame, the Snuff will tell, if we were Wax, or Tallow by the Smell.

啊！冒牌貨會說，希望我也能這麼做。[4]
Ah! quoth the Pretender, would I could do so.

窮理查教你 思考社會問題

歷史學家談關係，不是把真相串連在一起，反而是他們相信之事的聯繫。
Historians relate, not so much what is done, as what they would have believed.

4 比喻假的是騙不了人的。

飽學之士如沃土，不是讓世界長滿飽穀，就是讓世界一片綠蕪。
A Man of Knowledge like a rich Soil, feeds if not a world of Corn, a world of Weeds.

喬治登基稱王，非靠武器鋒芒。
George came to the Crown without striking a Blow.

現代的才子，是大衛王時代的傻子。
A modern Wit is one of David's Fools.

浪漫詩意有得救，七座富裕的城市為了已故的荷馬爭奪不休，可是荷馬生前在這七座城裡卻只能想盡辦法討碗粥。
A Cure for Poetry, seven wealthy Towns contend for Homer, dead, thro' which the living Homer beg'd his Bread.

罪惡不是因為本身遭禁止而令人痛苦，它遭受禁止是因為令人痛苦。責任也不是因為本身被要求才對人有益，它被要求是因為對人有益。
Sin is not hurtful because it is forbidden but it is forbidden because it's hurtful. Nor is a Duty beneficial because it is commanded, but it is commanded, because it's beneficial.

儘管他們已死掉，封王仍然是榮耀。

Kings a be an Honour to them tho' they are dead.

人家說A——有大智慧；怎麼會？是因為他提筆著述嗎？——不，其實是因為他對寫作說「不」。

A ---- , they say, has Wit; for what? For writing? -- No; For writing not.

噢，麥芽匠！打破那個騙人的量杯吧；大家都已經知道，只要你用了它，就是耍花招。

O Maltster! break that cheating Peck; 'tis plain, when e'er you use it, you're a Knave in Grain.

窮理查教你 這樣在一起更幸福

至於他的老婆，約翰提醒聖保羅說，他是真的有一個老婆，卻讓他好像沒有討過老婆。

As to his Wife, John minds St. Paul, He's one that hath a Wife, and is as if he'd none.

談戀愛的對象是自己，就不會有情敵。

He that falls in love with himself, will have no Rivals.

窮理查教你 健康自己來

寧可沒吃晚餐就睡覺，好過沒吃早餐還得跑跑跳跳（負債）。

Rather go to bed supperless, than run in debt for a Breakfast.

1740
年

可敬的讀者：

您可能還記得我的第一本年曆，一七三三年版，我在裡頭預測了親愛的朋友星象學家泰坦・利茲的死期——當年的十月十七月下午三時二十九分。如今看來，那位好人似乎是死在那時候沒錯，然而WB和AB兩家出版商仍然繼續出版由他掛名的年曆，宣稱這些年來他仍舊活得好好的。但是日經時久，當真相再也瞞不住，他們只得在一七三九年的年曆中承認了他的死訊，卻裝做他一直到去年才過世，而且在過世前已寫好接下來七年的預測內容。

啊，朋友們，這些不過只是虛弄花招、移花接木罷了；要是你們沒有因此指責我是個假預言家，我應該就不用再特地提醒你們了；這不過是對我更嚴重的一次毀謗，說我完全過著無品無行的生活。

但是先將這些爭議擱置一旁，我還得向世界宣告一項驚人而奇妙，卻又千真萬確的事實：也就是——在午夜前四刻，當我坐在小小的桌前撰寫這份序言之時，結果一下就睡著了！而且就我所知，我睡了一段時間，也沒有夢見任何東西。醒來之後，我發現在面前擺著一封信，內容如下：

親愛的朋友三德氏：

我對你的敬重，即使如今天人永隔，依然沒有一絲改變，而且當我看見那些貪婪的年曆出版商因為嫉妒你的成功而對你惡意中傷時，我也感到非常難過。他們說你對我在一七三三

年死亡的預測是錯誤的，還假裝我在那之後數年還活著，但我在此保證，我確實在那個時候死了，就在你指出的那個時刻，只是相差了五分五十三秒，不過這點誤差應該影響不大。

我也要進一步聲明，我不像他們所樂於傳誦的那樣，我沒有將我死後七年的行星運動等預測內容寫給他們，所以他們以我的年曆為名所出版的那些東西，根本不是我的作品，正如不是你的一樣。

你可能會好奇，怎麼這張信紙會出現在你的書桌上。你一定知道，孤魂野鬼在最後審判之前，並不會受到任何拘束。我們可以同時前往我們想去的地方，拜訪我們的老友，觀察他們的舉動，有時還可以進入他們的想像之中，在他們醒著或睡著時提供一些有益的暗示。

我看到你睡著了，就從你左邊的鼻孔爬到了你的大腦，找到控制你手臂與指頭的神經末梢，所以才能藉以寫下這些你前所未知的事情；當你睜開雙眼時，會發現這封信是出自我的手筆，儘管用的是你的手。在這個欠缺信仰的年代，人們可能很難相信這樣的故事，但你可以讓他們看看底下這三個預示，他們就會相信這是真的。大約在下個六月中旬，星象學家J. J---n會因為受到某個鄉下學校校長所腐化，公開與羅馬教廷和解，而且會把他一切的財產物品全都捐給教會。接下來，九月七日當天我的老友W. B---r會有九個小時保持清醒，這會出乎他所有的鄰居意料之外；大約同時，儘管真相與共識已經很明白了，但WB和AB還會再出版另一本掛我名字的年曆。

我現在已經更能看清未來了，因為我已經脫離了肉身的黑暗監牢，在身體裡我經常受到干擾，而且幾乎被口角而起的怒氣，還有火辣的夢境所冒出的煙霧給遮瞎了。我想要表達對你的善意，為了增補你的年曆，我會經常告訴你一些未來要發生的事，因為，親愛的迪克，我是你重情義的朋友。

T．利茲

我自己完全相信這份信件的真實性。如果有讀者對此感到懷疑，儘可仔細觀察那三樣預示。如果這些事情真的沒有發生，他盡可照他的信念去想。

我仍然是他謙卑的朋友

R．三德氏，一七三九年十月七日

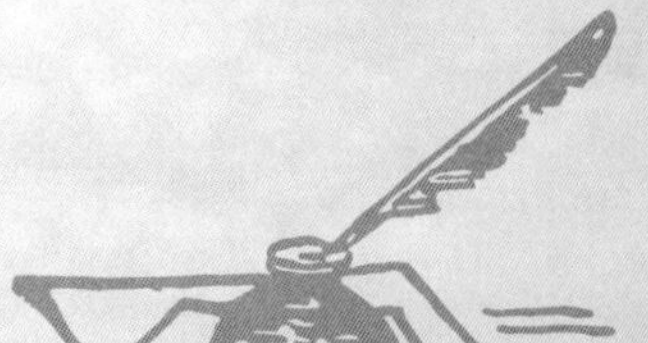

窮理查教你 變有錢人

借錢給敵人，能化敵為友；借錢給朋友，很快就沒朋友。

Lend Money to an Enemy, and thou'lt gain him, to a Friend and thou'lt lose him.

死抱金錢，活該被人笑，傻傻花錢，也沒比較好：天下傻瓜第一號，才會花錢買懊惱。

Some are justly laught at for keeping their Money foolishly, others for spending it idly: He is the greatest fool that lays it out in a purchase of repentance.

窮理查教你 比別人更成功

搞計謀、耍花招，都是傻子的做法，因為他們還沒聰明到當個誠實佬。

Tricks and Treachery are the Practice of Fools, that have not Wit enough to be honest.

人的舌頭軟溜溜，裡面沒骨頭；可是話兒一出口，卻能折斷人家的骨頭。

Man's tongue is soft, and bone doth lack; yet a stroke therewith may break a man's back.

拿人說笑，樹敵不少。
He makes a Foe who makes a jest.

沒人會被騙，除非自信過了頭。
None are deceived but they that confide.

不敢做壞事，就不用害怕任何事。
Fear to do ill, and you need fear nought else.

我們可以挑別人的毛病，抱怨灰塵遮了他們的眼睛；一點瑕疵缺陷都不放過，卻看不到自己更大的過錯。
In other men we faults can spy, and blame the mote that dims their eye; each little speck and blemish find; to our own stronger errors blind.

有勇氣的人敢於吃苦，從海洋航向未知的境土，他見過許多不同的奇景；怎還有人懷疑他筆下的情景？
The Man who with undaunted toils, sails unknown seas to unknown soils, with various wonders feasts his Sight: what stranger wonders does he write?

遵循德性，常保德性，其他萬事，聽天由命。

Seek Virtue, and, of that possest, to Providence, resign the rest.

窮理查教你 受益一生的人際攻略

公開的敵人大概是種詛咒；但怎麼樣也糟糕不過虛假的朋友。

An open Foe may prove a curse; but a pretended friend is worse.

拍馬屁的人，一點也不蠢：被奉承的人，全部都當真。

A Flatterer never seems absurd: the Flatter'd always take his Word.

寧可多跟希臘的哲學家吃鹽，少跟義大利的弄臣吃蜜語甜言。

Thou hadst better eat salt with the Philosophers of Greece, than sugar with the Courtiers of Italy.

介入人家的爭吵或打架，隨時準備要把鼻血擦一擦。

Those who in quarrels interpose, must often wipe a bloody nose.

細察所有人，尤其是你自身。

Observe all men; thy self most.

施恩慎勿念，受施慎勿忘。

When befriended, remember it: when you befriend, forget it.

承諾會為你爭取到朋友，但失信卻會將這些朋友變成你的寇讎。

Promises may get thee Friends, but Nonperformance will turn them into Enemies.

窮理查教你 讀心術

所有美女都盲目，不知道她們的每個疤痕都令人嫉妒。

To all apparent Beauties blind each Blemish strikes an envious Mind.

蝴蝶是什麼?頂多是隻毛蟲打扮過。

What is a butterfly? At best He's but a caterpiller drest.

窮理查說：

「債務的身上，背負著『撒謊』」。」（1741）

「空布袋，怎麼也站不起來。」（1740）

「欠債的總比不上債主記性佳。」（1736）

窮理查教你 思考社會問題

君子偉人，悲天憫人；懦夫暴君還不知道有事發生。

Great souls with gen'rous pity melt; which coward tyrants never felt.

1741
年

窮理查教你 變有錢人

債務的身上，背負著「撒謊」。

Lying rides upon Debt's back.

窮理查教你 比別人更成功

不想讓敵人知道祕密，就千萬別對朋友提起。

If you would keep your Secret from an enemy, tell it not to a friend.

請把你的不滿當祕密守；要是傳了出去，全世界都要鄙視你，而且還會更加的不滿意。

Let thy discontents be thy Secrets; if the world knows them, 'twill despise thee and increase them.

快起來，懶惰鬼，別把生命白浪費——墳裡頭有得你睡。

Up, Sluggard, and waste not life; in the grave will be sleeping enough.

窮理查說：

「你若愛惜生命，不要浪費光陰；點滴的光陰，累積成生命。」（1746）

「睡著的狐狸抓不著雞。」（1743）

「墳裡頭有得你睡。」（1741）

如果壞事不來，恐懼就是白費；壞事如果真的來，恐懼會讓痛苦加倍。

If evils come not, then our fears are vain: and if they do, Fear but augments the pain.

沒有沒樹皮的木頭。[5]

No Wood without Bark.

二十歲時，意志作主；三十歲時，機智作主；四十歲時，判斷作主。

At 20 years of age the Will reigns; at 30 the Wit; at 40 the Judgment.

享受現在時刻，留心過去時光；對於逐漸逼近的未來，不要恐懼也毋需盼望。

Enjoy the present hour, be mindful of the past; and neither fear nor wish the Approaches of the last.

事情如果能夠辦得好，一回可當兩回好。

Well done, is twice done.

發現自己在發呆，要當恥辱來看待。

Be always asham'd to catch thy self idle.

多學學巧匠這一手：凡事靠自修，師傅還當他是笨頭。

Learn of the skilful: He that teaches himself, hath a fool for his master.

憤怒愚昧並肩走；怨恨緊跟在後頭。

Anger and Folly walk cheek-by-jole; Repentance treads on both their Heels.

如果你明明知道是壞事，就別受愉悅所誘使，別受利益所指使，別受野心所腐蝕，別為先例而動搖意志，別受教唆而從事。

Let no Pleasure tempt thee, no Profit allure thee, no Ambition corrupt thee, no Example sway thee, no Persuasion move thee, to do any thing which thou knowest to be Evil.

窮理查教你 受益一生的人際攻略

吵架撐不了太久，如果有一方堅持的是錯誤的理由。

Quarrels never could last long, if on one side only lay the wrong.

感激千萬別過多，不然反而找罪受。

Don't overload Gratitude; if you do, she'll kick.

要批他人有過錯，捫心自問得先做。

E'er you remark another's Sin, bid your own Conscience look within.

笑話一出門，朋友帶進門，兩邊馬上吵一頓。

Joke went out, and brought home his fellow, and they two began a quarrel.

全天下最好的事兒，就是舌頭受控制；說得太多，必定是話兒沒用。

Best is the Tongue that feels the rein; He that talks much, must talk in vain.

窮理查教你 讀心術

找到了娘親，誰還會願意讓她分心？ 6

Where yet was ever found the Mother, who'd change her booby for another?

為了面子，人會改變舉止。

Honours change Manners.

沒有比機靈的傻瓜更加麻煩的笨蛋。

There are no fools so troublesome as those that have wit.

尼克的激情發得快又猛；他的理智看來卻像是一場空！

Nick's Passions grow fat and hearty; his Understanding looks consumptive!

貝絲自誇是美女，而且絕對擔當得起；你若問有啥原因？那其實是她的乳名。

Bess brags she 'as Beauty , and can prove the same; As how? why thus, Sir, 'tis her puppy 's name.

佛密歐為他自己的罪過哭泣，就像是朋友互道後會有期。相信佛密歐開心不起來，直到有天它們捲土重來。

Let no Pleasure tempt thee, no Profit allure, no Ambition corrupt thee, no Example sway thee, no Persuasion move thee, to do any thing which thou knowest to be Evil.

窮理查教你 思考社會問題

基督信仰要我們歷經苦難；政府政策，則是讓我們受苦受難。

Christianity commands us to pass by Injuries; Policy, to let them pass by us.

1742
年

可敬的讀者：

這是我以年曆作者的身分為您服務的第九個年頭。我所受到的鼓勵得要好好提一提，以感謝您為了我第一次出版時所公開聲明的窮困處境而展現的好意。這是我們星象學家弟兄不必當魔法師也能發現的，窮理查的成功，已經讓窮威爾、窮羅賓也陸續出道，窮約翰與其他人也無疑將會跟進，而我們「事實上」也將會是某些人口中說的「名義上」的一群窮年曆作家。

在這九年來，哪還有什麼風雨我沒經過呢！同行們總是彼此相忌。誠實的泰坦雖然已經過世了，卻還是被喚起來污蔑他的老友。作者們與出版商們都氣得不得了！許許多多惡劣的名稱都冠在我頭上，他們否認我確實是我作品的作者，宣稱從來沒有這麼一個人；說我在六十年前已經亡故，又預測我將在十二個月內身亡。此外，由於嫉妒我的成功，受到盲目激情的影響，而對我做出許多前後矛盾的惡意批評，還奢望要剝奪親愛的讀者您對我持續的鼓勵與愛護。

「有誰認識他？」他們疾呼，「他又住在哪兒？」但是他們知道這些又如何呢？要是我喜歡隱居生活，他們難道有任何權利將我從隱居生活中硬拽出來嗎？我有個相當好的理由來隱藏我的住處——現在該是像我這樣的老頭兒開始準備後事的時機了。

需求無度的鄰居和陌生人，又要我計算星象圖，又要判斷圖像的徵兆、畫出圖解、揭發竊盜、搜尋偷馬賊、詳述迷路亂跑的牲口之去處；成群的來訪者總帶著上千個瑣碎的問題：我的船會不會安全回航？我的馬會不會贏得競賽？牠下一胎會不會生出快馬？我老婆什麼時候會死？誰會是我的丈夫，先說會維持多久？什麼時候是剪頭髮、閹雞、種萵苣的最佳時機？類似這些的無聊問題我已經毫無興趣，也沒有時間回答了。我已經受夠這些了！這些憤怒的人所說的這一切，讓我絕不會告訴他們我到底住在哪兒——我寧可自己把指甲吞下去。

我最近的死對頭是星象學家J. J--n，他（在他一七四一年曆的序言中）大放厥辭，指責我前一年在年曆中針對他所提出的預言都是假預言，全是一派胡言。我是信奉惡魔的假先知！他之所以認為這份預言為假，事實上正是由於他和羅馬教廷和解；但是不管他怎麼抗議，正如我所說的，這項事實確實發生了。他的詩句中有兩件事證實了我的這項猜測：他說十一月一日是萬聖節[7]。讀者們啊！這不正充滿了天主教會的味道嗎？這裡頭還有一絲一毫對於朋友說真話的意味嗎？但是最清楚的是這件事——他崇拜聖徒，他在他的書裡第四頁坦承了這件事：「當麻煩往我身上壓，我會高呼我親愛的瑪莉亞。」

他難道還以為全世界都笨到連這一點都看不出來嗎？全世界都會無知到所有的天主教徒都對聖母瑪莉亞致上最高的敬意嗎？啊！我的朋友約翰啊，我們可以承認你是個詩人，但你的的確確不是個新教徒。我只能衷心期盼你的宗教跟你的詩一樣好。

理查・三德氏

[7] 萬聖節是天主教的節日。

窮理查教你 **變有錢人**

金錢加上良好舉止，才能塑造一個紳士。
Money and good Manners make the Gentleman.

裙擺做得長，錢包輕得慌。
A large train makes a light Purse.

勤奮努力能償債，絕望只會債滾債。
Industry pays Debts, Despair increases them.

窮理查教你 **比別人更成功**

要是做壞事，歡樂就消逝，苦痛一點也沒消失；如果做好事，痛苦會消逝，歡樂卻能一直維持。
If thou dost ill, the joy fades, not the pains; if well, the pain doth fade, the joy remains.

明日事，今日畢。
Have you somewhat to do to-morrow; do it to-day.

要想種荊棘，別赤腳踏地。
He that sows thorns, should not go barefoot.

工匠要是沒工具，律師如果缺蠢驢，都玩不出啥把戲。
No workman without tools, nor Lawyer without Fools, can live by their Rules.

狗眼看人低，將錢當印記，小心審判日時只剩你自己。
Fient de chien, & marc d'argent, seront tout un au jour du jugement.

要活用你的天賦，不用鑽子來督促。
You may drive a gift without a gimblet.

有一技在身，就有房子能棲身。
He that hath a Trade, hath an Estate.

窮理查說：

「有一技在身，就有房子能棲身。」（1742）

「勤奮工作人家的廳堂，飢餓只能偷觀望，不敢進門來閒晃。」（1737）

「勤奮努力能償債，絕望只會債滾債。」（1742）

長話要短說：緊閉的嘴巴鑽不進一顆蒼蠅頭。
Speak and speed: the close mouth catches no flies.

窮理查教你 受益一生的人際攻略

援手給得適時，等於給了兩次。
Bis dat, qui cito dat.

拜訪叔伯姑嬸，但是不要天天登門；探訪兄弟姊妹，但是不要夜夜見面。
Visit your Aunt, but not every Day; and call at your Brother's, but not every night.

窮理查教你 讀心術

壞習慣跟壞建議，很少被忘記。
Ill Customs & bad Advice are seldom forgotten.

金錢和人類，交情屬於這一類：人類會偽造假錢幣，金錢也會讓人沒信義。

Money & Man a mutual Friendship show: Man makes false Money, Money makes Man so.

油嘴滑舌的人，隨口就有獻辭可奉承；說起謊來，簡直像是十篇致祭文。

Here comes Glib-tongue: who can out-flatter a Dedication; and lie, like ten Epitaphs.

犯錯是人性，悔過是神性，執迷不悟是惡魔脾性。

To err is human, to repent divine, to persist devilish.

窮理查教你 丟掉壞習慣

過年換掉舊年曆，順便也該擺脫舊惡習，雖然也曾那麼親密。

With the old Almanack and the old Year, leave thy old Vices, tho' ever so dear.

早上睡過頭，必定整天跑著走，夜裡也很少繼續工作。

He that riseth late, must trot all day, and shall scarce overtake his business at night.

釣到了魚兒，就別奢望還要有牛奶喝。

After Fish, Milk do not wish.

窮理查教你 這樣在一起更幸福

凱特想要湯瑪士，沒人能說她不是：湯姆不想要凱特，誰又能說他苛刻？

Kate would have Thomas, no one blame her can: Tom won't have Kate, and who can blame the Man?

窮理查教你 健康自己來

晚餐吃得少，就不必吃藥。

Eat few Suppers, and you'll need few Medicines.

大多數疾病的源頭都是暴飲暴食。

Most Distempers have their Original from Repletion.

年輕、年老、生病時，該有不同份量的飲食。

Youth, Age, and Sick require a different Quantity.

對抗疾病的最佳防禦，就是能保護你的德性：節欲。

Against Diseases here, the strongest Fence, Is the defensive Virtue, Abstinence.

1743
年

和善的讀者：

由於我想要讓每個人都能夠獲得一些明智祝福的好處，而又很少人知道怎麼利用在森林中長出的葡萄釀酒的方法，我在此要提供幾個從往年經驗中獲得的簡單竅門。按照這種方式，就能夠造出新鮮的紅酒，還可以保存好幾年，而且完全不輸給法國來的紅酒。

首先要從九月十日開始採收葡萄（從成熟的開始採起），直到十月下旬；把上頭的蜘蛛網、枯葉徹底洗掉，放到一個大酒桶或酒甕裡頭。酒桶要事先洗乾淨，然後把它放倒，將一頭架在地窖裡頭的架子或磚塊上；要是你沒有地窖，就放在屋裡頭最溫暖的角落，大約離地六十公分高。放個三、四天，等葡萄沉到桶底，再放入更多葡萄；接著打赤腳踩進酒桶裡頭，將葡萄踩出汁來，直到葡萄汁淹到腿上，這大約花半個鐘頭不到。然後先出來一下，將桶子倒個頭，再踩一次，大約十五分鐘左右，這樣就夠榨出好果汁了。再擠壓下去就會把未夠熟的果子壓破，到時候味道就差了。做好之後，用一塊厚毯子把酒桶蓋實，如果你沒有地窖可擺，天氣又冷，就拿兩塊毯子蓋上。

你必須用這種方式讓酒進行第一次醱酵，只要四、五天，效果就會很明顯。當醱酵漸緩，你就可以聽到桶子裡比較沒有聲音了。此時，在距離桶底十五公分以內的地方開個孔，每天用玻璃杯盛裝兩次葡萄酒。直到酒液看起來像是礦泉水一樣清澈，就可以把酒倒進一個乾淨的新桶子裡，大小要跟酒桶或酒缸（這裡說的酒缸是你踩壓葡萄的那個容器，葡萄液在這裡會進行第一次醱酵）的容量差不多；也就是說，要是原本的大桶裝了二十蒲式耳的葡萄，連藤帶果，那新桶子就至少要能夠裝上二十加侖，因為每一蒲式

耳的葡萄大概可以產出一加侖的酒。再來，這些從酒缸裡頭倒出來的果汁或葡萄液（這裡說的葡萄液指還沒醱酵過的葡萄汁），就要進行第二次醱酵[8]。

你得用一加侖或五夸脫裝的酒甕或酒瓶來裝酒，直到裝完你榨的每一桶酒。之後還得照以下的方式來進行：把新酒桶穩穩放好，桶塞朝上，每天打開兩次，早晚各一次。將葡萄液倒入新酒桶中，一次兩匙的量應該就夠了；記得用手指或是用湯匙，把醱酵後浮上來的葡萄子或其他渣滓撈乾淨。持續這樣的程序一直到聖誕節，就可以把塞子給塞上；到了二月就可以拿出來喝，或是重新分裝到乾淨的酒桶或酒瓶裡頭。

注意：要等到露水乾了才採收葡萄，且要全程保持乾燥。勿讓小孩子靠近葡萄液，不然會讓他們腹瀉不停。如果你是釀酒來賣，或要帶著飄洋過海，得有四分之一的分量要蒸餾過，然後把蒸餾過的酒倒入其他四分之三的分量裡。採收一蒲式耳的葡萄，算來可以釀出至少一加侖的酒，甚至可以多到五夸脫。

這些訣竅不是要給那些已經習於釀酒的人看的，而是要寫給那些至今還不懂釀酒技藝的人知道。

[8] 一蒲式耳約三十五公升；一加侖約三・八公升；一夸脫約九百五十毫升。

窮理查教你 變有錢人

滿足與富裕，湊不在一起，富裕找上你，我只要滿足就足矣。

Content and Riches seldom meet together, Riches take thou, contentment I had rather.

寧可花錢買，不要去借貸。[9]

Borgen macht sorgen.

若想要變有錢，多想著省錢，別顧著賺錢：印度也沒讓西班牙致富，因為她的收入相當於支出。

If you'd be wealthy, think of saving, more than of getting: The Indies have not made Spain rich, because her Outgoes equal her Incomes. [10]

窮理查教你 比別人更成功

要讓自己廣為人知，但別讓人對你徹底熟知：看到淺灘的人定會隨意涉水過！

Let all Men know thee, but no man know thee thoroughly: Men freely ford that see the shallows.

保護神明，神也保庇你。
A noddo duw, ry noddir.

睡著的狐狸抓不著雞。快起！快快起！
The sleeping Fox catches no poultry. Up! up!

傷痛由衷，臉色不動。
Sorrow is dry.

常言道，智者只聽半套。
Le sage entend a demi mot.

經驗是間好學校，但傻瓜不會再上其他學校。
Experience keeps a dear school, yet Fools will learn in no other.

9 此語為雙關語，亦可指：「借錢求救，丟了朋友。」

10 印度指哥倫布發現的新大陸。

要有偉大的決心很容易，難的是認真做下去。

Tis easy to frame a good bold resolution; but hard is the Task that concerns execution.

如果你想搞定，趕緊去做；如果不想搞定，早早撒手。

If you'd have it done, Go: If not, send.

謙虛明智者最有福，位高權重也會沉淪，低微卑下也能突出；無恥者自作踐，自作自受沒人憐。

In prosperous fortunes be modest and wise, the greatest may fall, and the lowest may rise: but insolent People that fall in disgrace, are wretched and no-body pities their Case.

要忍人欺侮，美德得為伍。

Tugend bestehet wen alles vergenet.

啊，笨頭笨腦！年紀還小，就有了兩個寶——時間和忠告；只是一個你弄丟，另一個卻又不要。

Ah simple Man! when a boy two precious jewels were given thee, Time, and good Advice; one thou hast lost, and the other thrown away.

抱怨卻又不講理，真的很無理。

A achwyno heb achos; gwneler achos iddo. [11]

寒冷以及機靈，一樣都來自北地，但是，若只有機靈而沒有智慧，那就根本不值得一提。

Cold & cunning come from the north : but cunning sans coisdom is nothing worth.

窮理查教你 受益一生的人際攻略

壞朋友，像條狗，就愛塵土起風波，愈髒就會愈快活。

Ill Company is like a dog who dirts those most, that he loves best.

能從別人危險中得到警告，真是有福報。

Felix quem faciunt aliena pericula cautum.

11 威爾斯諺語。

窮理查教你 讀心術

當心，注意！要是誰的心裡沒恐懼，騙起人來也會毫不猶豫。

Beware, beware! he'll cheat 'ithout scruple, who can without fear.

最毒的蜜蜂從不說人壞話，不管是奴隸還是國王，但他的毒針最尖，而且扎下去絕不徬徨。

Speak with contempt of none, from slave to king, the meanest Bee hath, and will use, a sting.

你剛來自王宮裡頭？因為你的樣子散發著不可一世的派頭。

Came you from Court? for in your Mien, a self-important air is seen.

窮理查教你 思考社會問題

聖人間的許多漫長爭論可簡化成：就是這般；不是如此。就是如此；不是這般。

Many a long dispute among Divines may be thus abridg'd, It is so: It is not so. It is so; It is not so.

世界充滿了膽小鬼和傻子；但是每個人都勇敢得能承受不幸之事，也聰明得能夠管到鄰居家裡大小事。

The World is full of fools and faint hearts; and yet every one has courage enough to bear the misfortunes, and wisdom enough to manage the Affairs of his neighbour.

有多少人在慶祝耶穌的生辰！又有多少人遵行他的訓箴！噢！節日比教訓更容易留給後人。

How many observe Christ's Birth-day! How few, his Precepts! O! 'tis easier to keep Holidays than Commandments.

對感官所知的事物，人們的看法天天都在變，所以對於不可見的事物，人們可能也該有一致的意見。

Men differ daily, about things which are subject to Sense, is it likely then they should agree about things invisible.

勇於面對自己錯誤，或是有決心改正自己錯誤的人，實在是太少了！

How few there are who have courage enough to own their Faults, or resolution enough to mend them!

教會、國家和窮人，應該被當成三個女兒疼，不該為了嫁妝就賣出門。

The church, the state, and the poor, are 3 daughters which we should maintain, but not portion off.

些許易得之物為我們帶來的好處，多過君王權貴靠豪奪動粗。

A little well-gotten will do us more good, than lordships and scepters by Rapine and Blood.

西班牙人傑克說的話得聽一聽，就算全世界打仗打不停，也得跟外人保持和平。

Hear what Jack Spaniard says, Con todo el Mundo Guerra, Y Paz con Ingalatierra.

1744

年

可敬的讀者：

這是我以著述方式謀福利的第十二個年頭。謀誰的福利？當然是謀公眾的福利，如果您能夠好心來相信；要是不相信，至少赤裸裸的真相也是為我自己謀福利；同時也別忘了，還有我那親切的另一半，我們平和、安靜、緘默的布莉姬夫人！然而，究竟我的勞作是不是為公眾服務，我也必須認識到公眾對我的幫助；我活在公眾善意的鼓勵之中，所以也要對大家持續的關愛永保感激之心。

我的對手J—n J—n想要藉由假裝能更多預測一年來贏過我的鋒芒，所以在他一七四三年的年曆裡頭免費奉送給讀者關於一七四四年的日蝕消息，想要贏在我前頭。他的話是這樣說的：「來年一七四四年四月的第一天，會出現偉大的日蝕；日蝕會在日落前一個鐘頭開始。日蝕位置在牡羊座，戰神宮，第七位，顯示出達官貴人間的激烈差異與敵對情形」等等。

我很為這些達官貴人感覺到高興，因為這項預測完全不符事實：如他們願意，可以繼續活在愛與和平之中。我要警告他的讀者（的確，他們人數很少，所以這件事比較不重要）不要為了這個想像中的偉大日蝕而提心吊膽，因為他們就算瞪著太陽看到瞎了，也看不到一絲日蝕的徵兆。

在這情形下，我大可以把J—n先生前幾年在憤怒中給我冠上「惡魔假先知」的名號奉還給他，因為我當時預測了他和羅馬教廷會和解（雖然他現在已經不再為這一點爭論）。不過，我認為在老人與學究之間犯這口舌是不恰當的，所以我要讓他自己和購買他年曆的消費者去處理這件事，他們可能不會對這件事善罷甘休，因為他用了這個「愚人節笑話」（要他們在四月一日去看一個看不見的日蝕）來愚弄他們。

他這老掉牙的藉口，已經在關於天氣的預測中一再重複：「沒有人不會犯錯，因為彼此相反的原因常在同時或差不多時間發生，而夏天的風雨又是這麼不穩定」等等，這已經不能再給日蝕這件事當做藉口了；我不知道他還能找什麼理由來說。

除了增加行星起落與月亮交會之外，我並沒有對常用的編寫方式有什麼改變。對於打算學習關於天文的人，很能從這裡頭學到知識，而且區分各個行星。

親愛的讀者，我是您忠實的朋友

R・三德氏

窮理查教你 變有錢人

聚少能成多。

Light Gains heavy Purses.

勤奮、有恆又節儉，大富大貴在眼前。

Industry, Perseverance, & Frugality, make Fortune yield.

什麼樣叫做「強」？把自己的惡習改光光。什麼樣叫做「富」？對自己的所有能夠感到滿足。

Who is strong? He that can conquer his bad Habits. Who is rich? He that rejoices in his Portion.

窮理查教你 比別人更成功

舌頭無骨，傷人入骨。

A soft Tongue may strick hard.

令人受傷的事會讓人得到啟示。
The Things which hurt, instruct.

飽肚鼓鼓，罪惡之母。
A full Belly is the Mother of all Evil.

看起來光像沒用處，得要成真才算數。
What you would seem to be, be really.

急事緩辦。
Make haste slowly.

驕傲一抬頭，幸福躡步走。
As Pride increases, Fortune declines.

不要成天想投機，上帝就不會讓你去下地獄。
Keep thou from the Opportunity, and God will keep thee from the Sin.

懶惰（像鐵鏽）比勞動耗損得更多：鑰匙若常用，光亮不生鏽。

Sloth (like Rust) consumes faster than Labour wears: the used Key is always bright.

管好你的生意，不然生意就會駕馭你。

Drive thy Business, or it will drive thee.

要聽從理性，不然，道理就會壓過你。

Hear Reason , or she'll make you feel her.

窮理查教你 受益一生的人際攻略

同一個人，不能既當朋友，又對你奉承。

The same man cannot be both Friend and Flatterer.

真正的友伴，是最好的財產。

A true Friend is the best Possession.

窮理查說：

「懶惰就像鐵鏽，比勞動耗損得更多：鑰匙若常用，光亮不生鏽。」（1744）

「天助自助者。」（1736）

「時光一逝不復回。」（1748）

關懷加倍，富裕加倍。

He who multiplies Riches multiplies Cares.

想要被寵愛，得先能友愛。

If you'd be belov'd, make yourself amiable.

有蘋果酒可喝卻獨酌，乾脆連馬兒也讓你自己去捉。

He that drinks his Cyder alone, let him catch his Horse alone.

12

窮理查教你 讀心術

想擺脫討厭的朋友，那就借他一筆錢。

If you'd lose a troublesome Visitor, lend him Money.

可怕之人，就是可恨之人。

Those who are fear'd, are hated.

家中有老人，是個好兆頭。

An old Man in a House is a good Sign.

酸言酸語，就不會有朋友和伴侶——一匙蜜糖引來的蒼蠅，會多過一桶老醋沾上的螞蟻。

Tart Words make no Friends: a spoonful of honey will catch more flies than Gallon of Vinegar.

窮理查教你 思考社會問題

沒有法律來維持，飯都沒得吃。

Where there's no Law, there's no Bread.

我向你保證，趁混亂前就先走，誰會想要偷偷摸摸跟在後頭？

I'll warrant ye , goes before Rashness ; Who'd-a-tho't it? comes sneaking after.

12 吝於付出的人自然沒有人要為你付出。

窮理查教你 健康自己來

午餐吃得少，晚餐吃更少；要做得更好，別吃晚餐就睡覺。

Dine with little, sup with less: do better still; sleep supperless.

1745
年

可敬的讀者：

為了公眾的福祉，還有我的利益，我在此獻上第十三年的勞動成果，希望能像先前的同樣受人肯定。我仍提供行星的起落和它們與月亮的交會時間，還不熟悉這些天體的人，可以從底下的指示來區分行星與恆星。

在天空中見到閃閃發光的這些星星（除了五顆之外），都稱為恆星，因為它們彼此之間維持一定的距離，與黃道也維持固定的距離。它們在地平線上的同一點起落，看起來就像是許多在蒼穹中的亮點。

至於其他五顆星，則有特別不同的運動，因此它們與彼此之間的距離不會保持固定，所以它們就被稱為漫遊之星或行星，也就是土星、木星、火星、金星和水星，它們與恆星不同之處就在於它們不會閃爍。

五星之中最亮的是金星，看起來是最大的一顆，當這顆耀眼之星在日出之前出現時，稱為晨星；在日落之後出現時則稱為暮星。木星看起來幾乎和金星一樣大，但沒那麼亮。火星或許是最容易和其他行星區分開來的，因為它看起來紅得像是熱鐵或熱碳塊，而且會有點閃爍。土星，看起來，比火星小一些，顏色蒼白些，水星太靠近太陽了，所以很少見。

在一月六日你可以看到「火星一〇三五起」，這表示火星在晚上十點三十五分後升起，那時候可以在東方看到這顆行星。同樣地，在一月十日你可以看到「金星七一三落」，這表示金星在晚上七點十三分落下；如果你那晚朝西方看，可以看到那顆美麗的星星落下。相同的，在那個月的十八日，你可以看到「土星九一八起」，這表示土星在晚上九點十八分升起。

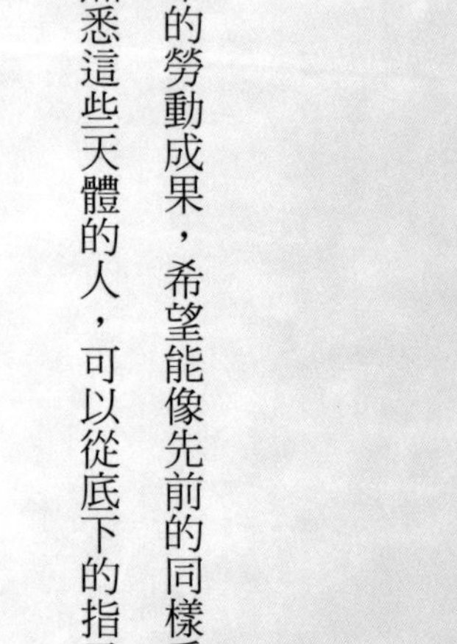

行星也可以透過它們與月亮交會的時間來辨識，例如在一月十四日那天有這麼幾個字——「土月交」，這表示月亮和土星會在當天交會。如果你在當天早上五點左右向屋外看，就可以看到土星與月亮非常接近。類似的例子可以在其他日子中，藉由行星起落以及它們和月亮的交會來觀察，這顯示出它們和恆星之間的顯著差異。

我現在沒有要多說些什麼了，但我衷心祝您安康，無論是在現世的需求，或是精神的滿足，也要感謝您過去的照顧，親愛的讀者，因為我是您忠實的朋友。

R．三德氏

窮理查教你 變有錢人

留意小開銷，再大的船也可能因為小小的裂縫就沉掉。

Beware of little Expences, a small Leak will sink a great Ship.

花錢如流水，借錢爛債鬼。

Great spenders are bad lenders.

要買東西，要有一百隻眼睛，要賣東西，只要一隻眼睛。

He who buys had need have 100 Eyes, but one's enough for him that sells the Stuff.

窮理查教你 比別人更成功

對神明，必須敬畏又崇拜；對鄰居，必須公正又慈愛；對自己，要清醒又明白。

To God we owe fear and love; to our neighbours justice and charity; to our selves prudence and sobriety.

只替好水果接枝，不然乾脆省一事。

Graft good Fruit all, or graft not at all.

行善往往是犧牲。

As often as we do good, we sacrifice.

一盎斯買到的智慧，值過一磅[13]學來的教訓。

An ounce of wit that is bought, is worth a pound that is taught.

怠惰是最奢侈的揮霍。

Idleness is the greatest Prodigality.

虛榮咬得比壞心重。

Vanity backbites more than Malice.

[13] 一磅為十六盎斯。

窮理查説：

「積少能成多。」（1737）

「留意小開銷，再大的船也可能因為小小的裂縫就沉掉。」（1745）

窮理查教你 讀心術

沒有付出，就沒有收穫。
No gains without pains.

人若沒禮貌，品德就顯更需要。
A Man without ceremony has need of great merit in its place.

笨蛋要是有點小聰明，就更會惹人厭到不行。
There are no fools so troublesome as those that have wit.

決心今後要改過，就是決心不改眼前錯。
He that resolves to mend hereafter, resolves not to mend now.

利益使某些人看不到，卻讓其他人開竅。
Interest which blinds some People, enlightens others.

一個人可能比另一個人奸詐，但不可能比所有人都狡猾。

One Man may be more cunning than another, but not more cunning than every body else.

人人都敢誇耀自己的誠實，很少人敢誇耀自己的知識。

Every Man has Assurance enough to boast of his honesty, few of their Understanding.

許多人都抱怨自己記憶不行，很少人抱怨自己判斷不清。

Many complain of their Memory, few of their Judgment.

傻子笨得藏不住自己的智慧有多少。

He's a Fool that cannot conceal his Wisdom.

窮理查教你 丟掉壞習慣

這種事兒人常有：編上六個藉口，代替一個真理由。

It's common for Men to give 6 pretended Reasons instead of one real one.

你的話裡只看見，事物最好的那一面。

You may talk too much on the best of subjects.

避免養成壞習慣，比不上根除惡習難。

Tis easier to prevent bad habits than to break them.

窮理查教你 思考社會問題

有戰爭就有傷痕。

Wars bring scars.

窮理查教你 給對愛不怕寵壞孩子

母親如果太勤奮，就會讓女兒變得又懶又鈍。

Light-heel'd mothers make leaden-heel'd daughters.

窮理查教你 健康自己來

老來還有赤子心，老得長壽命。

Old young and old long.

1746
年

窮理查是誰？人們常問起，他住在哪裡？做什麼生意？卻從未能知悉。為了解答各位的好奇，且讓我簡略介紹我的夫人和我自己。

感謝仁慈的讀者，和我那無微不至的髮妻，讓我幸福無比，生活如意。我靠寫作維生；她則忙著草地排水的生意，或是為貧瘠的小丘蓋上陰影遮蔽[14]。用犁深耕肥沃土，好讓穀倉裝滿穀物。從我豐收果樹釀玉液，釀我甜奶油，造我乾起司。

我們都讀過一些書，但是只有少數才讓智慧和機智匯集在一處；讓好品德有目共睹，教導我們什麼是真理，什麼是正途。真誠的朋友，正直的友人，讓我們的人生經常充滿歡樂氣氛。

我們的桌椅整潔，三餐簡樸；常開門戶招待羞赧的貧戶。沒有宴會狂熱的激情，我們喜愛關心社會福祉的來賓。我們也不聽從迷信與傳說，那只會欺騙人們一錯再錯。我們不會墨守成規，偽善的教條只會讓良知無從跟隨。當愚昧無知掩住了可疑界線，在那善惡交錯的灰色邊界；我們也不會不辨是非衝動冒險，一頭栽進未知的黑暗深淵。

如果做對，也要當心；如果做錯，要下決心不讓這條毒蛇繼續盤據在心。細察手段動機和目的；改正我們自己，至少也要有改善的努力。

我們的靈魂坦蕩蕩，我們的目標公平而正當，不是為虛榮，也不是偽善；成功時，滿懷感激；失敗時，受懲罰也甘之如飴；懷抱希望，相信上帝。

[14] 指妻子常發脾氣。

窮理查教你 變有錢人

美色與美酒，賭博與詐欺，會讓財富貶低，慾望無底。

Women & Wine, Game & Deceit, make the Wealth small and the Wants great.

一個窮字百樣缺。

For one poor Man there are an hundred indigent.

人如果有寬大的心田，最不在乎的就是錢，但可惜的是——絕大多數人，都只覺得缺錢。

The generous Mind least regards money, and yet most feels the Want of it.

窮理查教你 比別人更成功

最精緻的愚昧，就是太過巧妙的智慧。

The most exquisite Folly is made of Wisdom spun too fine.

窮理查說：

「絲緞能滅廚房火。」（1746）

「一直從餐盤裡頭拿取，又不放進去，很快就見底。」（1758〈財富之路〉）

過寬會拖磨，過窄會扯破。
Wide will wear, but Narrow will tear.

凡人哪，要有勇氣；死神不能將你從宇宙中踢出去。
Take Courage, Mortal; Death can't banish thee out of the Universe.

美德為母，女兒就是幸福。
Virtue and Happiness are Mother and Daughter.

你若愛惜性命，不要浪費光陰；點滴的光陰，累積成生命。
Dost thou love Life? then do not squander Time; for that's the Stuff Life is made of.

農夫站得挺，高過仕紳跪屈膝。
A Plowman on his Legs is higher than a Gentleman on his Knees.

悠閒生活和懶散過活，兩者不同別搞錯。
A life of leisure, and a life of laziness, are two things.

當水井乾涸，我們才知水的價值究竟幾何。
When the Well's dry, we know the Worth of Water.

窮理查教你 受益一生的人際攻略

門兒打開，臉色難看，這樣的殷情只有一半。
Half-Hospitality opens his Doors and shuts up his Countenance.

誰若愛吵架，絕無好鄰家。
A quarrelsome Man has no good Neighbours.

欠缺關懷的危害，大過無知造成的傷害。
Want of Care does us more Damage than Want of Knowledge.

真正的偉人既不會踐踏小蟲，也不會在帝王背後偷偷跟蹤。
A true great Man will neither trample on a Worm, nor sneak to an Emperor.

窮理查說：

「想要知道錢財的價值，去借一些你就知。」（1754）

「當水井乾涸，我們才知道水的價值幾何。」（1746）

馬上拒絕我，就是幫我個忙。
Do me the Favour to deny me at once.

窮理查教你 讀心術

惡行知道自己醜，所以才會拿張面具蓋住頭。
Vice knows she's ugly, so puts on her Mask.

世上何事最容易？自己騙自己。
It's the easiest Thing in the World for a Man to deceive himself.

人人都自認，自己是好人。
All Mankind are beholden to him that is kind to the Good.

舌頭總愛碰壞牙。
The Tongue is ever turning to the aching Tooth.

良知是人都需要，但是只有少數人才當做寶，沒有人覺得自己有缺少。
Good Sense is a Thing all need, few have, and none think they want.

責備的尖刺，在於話裡顯真實。
The Sting of a Reproach, is the Truth of it.

窮理查教你 思考社會問題

瘋狂的國王和瘋牛，再多的條約和繩索來綁都不夠。
Mad Kings and mad Bulls, are not to be held by treaties & packthread.

換床治不了感冒，換國家治不了當家的胡鬧。
Changing Countries or Beds, cures neither a bad Manager, nor a Fever.

什麼叫氣節，標準正在變：你看那鐵匠，白袍也染灰！
What's proper, is becoming: See the Blacksmith with his white Silk Apron!

提姆和他的鋸子，都好好待在他們該在的位子，雖然他不適合講道，它也不適合拿來刮鬍子。

Tim and his Handsaw are good in their Place, Tho' not fit for preaching or shaving a face.

1747 年

可敬的讀者：

這是我第十五次向您獻上年度作品，盼望您的收穫會同我一樣豐盈。因為除了星象預測和其他年曆中通常會寫的內容好提供來年日常所需以外，就沒有其他價值了，所以我不斷寫些道德格言、明智準則與智慧語錄，裡面有許多相當言簡意賅的好話。我打算給年輕人留下一些深刻而持久的印象，即便屆時這份年曆和作者早已不復存於他們記憶中，也能讓他們終身受用。

如果我偶爾穿插一、兩則笑話，看起來沒有什麼用處，我得道個歉，因為它們也有自己的用處——漫不經心的人可能因為這些笑話而細心研讀，進而被更重要的內容所影響。每個月開頭的詩句，大概也都是出自同樣的用意。我不用向您細述其中有多少是我自己的創作，要是您對這些詩句有任何判斷力，就能明白巧匠和拙手的差異了。

我跟您都知道，我並不是天生的詩人；這是我從沒學過的技藝，也實在學不會。要是我有什麼詩可作，一定是大自然和星座讓我這麼做。既然別人的佳作這麼多，我又到底為什麼要讓讀者看到我自己的拙作？要是市場上有著許多好上十倍的菜色可買，卻把自耕自種的粗茶淡飯擺在客人面前，我覺得這對取悅客戶來說，實在是說不過去。相反地，我向您保證，朋友，我已經努力為您呈現最好的東西，而且對您大大有益。

我不能錯過這機會，好好提提我們已故的大人物，這行的領袖——雅各・泰勒先生，他花了四十年的歲月（只幾次中斷）讓這塊殖民地與周遭的民眾都能有完整的年曆，而且是美洲地區迄今推算最準確的曆

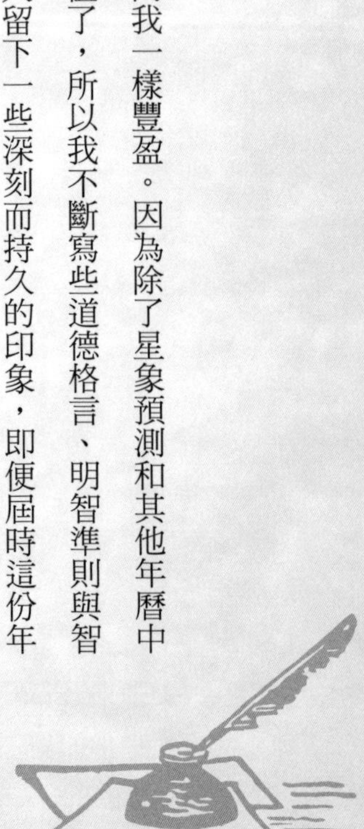

書。他是一位天才洋溢的數學家，也是位有經驗的天文專家；此外，他絕非尖酸的哲學家，而且更重要的，他是一個虔誠而正直的人。願他安息。

我是您窮困的朋友，願為您服務

R．三德氏

窮理查教你 變有錢人

靠犁吃飯想興旺，不是持續做，就是拚命幹。

He that by the Plow would thrive, himself must either hold or drive.

許多人因為買了便宜的好東西而從此受害無比。

Many have been ruin'd by buying good pennyworths.

窮理查教你 比別人更成功

用什麼來服侍神？行好事，做好人。

What is Serving God? 'Tis doing Good to Man.

良心雖然安靜，就算睡著時卻也還是大聲鳴，不過，安心和內疚，卻彼此隔上了千萬里。

A quiet Conscience sleeps in Thunder, but Rest and Guilt live far asunder.

對於自己的主張，小有不安總好過自滿張狂。
Better is a little with content than much with contention.

不刺探祕密是睿智，不揭露祕密則是誠實。
It is wise not to seek a Secret, and Honest not to reveal it.

不能承擔他人的情緒，就無法掌控自己情緒。
He that cannot bear with other People's Passions, cannot govern his own.

聽不進建議，沒人能幫你。
He that won't be counsell'd, can't be help'd.

傷害得要寫得像是沙子，描述優點卻得像是大理石。
Write Injuries in Dust, Benefits in Marble.

有時該睜開雙眼，有時該閉一隻眼。
There's a time to wink as well as to see.

窮理查說：

「美色與美酒，賭博與詐欺，會讓財富貶低，慾望無底。」（1746）

「一個惡習不除去，兩個惡習就來臨。」（1747）

好的例子，是最好的啟示。
A good Example is the best sermon.

筆下惡意多過事實，會讓作家墮落成登徒子。
When there's more Malice shown than Matter: on the Writer falls the satyr.

失足復原快，失言麻煩甩不開。
A Slip of the Foot you may soon recover: but a Slip of the Tongue you may never get over.

絕望只讓某些人受傷，傲慢卻害許多人遭殃。
Despair ruins some, Presumption many.

窮理查教你 讀心術

不幸的人沒有人認識，幸運兒自己卻不知。
None know the unfortunate, and the fortunate do not know themselves.

湯姆真老實！你大可信任他，就像一屋子不開口的石磨。

Honest Tom! you may trust him with a house-full of untold Milstones.

魔鬼會將毒藥摻蜜水。

The Devil sweetens Poison with Honey.

林裡沒有朽木在，整座林子有古怪。族裡都是乖乖牌，這家大有問題在。

Tis a strange Forest that has no rotten Wood in't. and a strange Kindred that all are good in't.

痛風與驕恣，很難徹底醫治。

Pride and the Gout, are seldom cur'd throughout.

還會暗自尊敬好人，還算不上真壞人。

There is no Man so bad, but he secretly respects the Good.

耐心怎衡量？看你找所需東西的模樣。

What signifies your Patience, if you can't find it when you want it.

勇氣愛逞凶好鬥，謹慎卻拉著不放手。
Courage would fight, but Discretion won't let him.

迪克真纖細！念篇公告輕聲細細。
Delicate Dick ! whisper'd the Proclamation.

父親是寶貝，兄弟給安慰；朋友兩者都兼備。
A Father's a Treasure; a Brother's a Comfort; a Friend is both.

努力成為國內最偉大的人，可能會落空；努力成為國內最厲害的人，卻可能成功：只要贏得一場單人賽跑就能逞威風。
Strive to be the greatest Man in your Country, and you may be disappointed; Strive to be the best , and you may succeed: He may well win the race that runs by himself.

窮理查教你 思考社會問題

群眾是頭大怪物；頭兒一大堆，腦子卻是一點也沒。
A Mob's a Monster; Heads enough, but no Brains.

編造一定得付錢打點，真相卻能夠赤裸呈現。

Craft must be at charge for clothes, but Truth can go naked.

窮理查教你 健康自己來

健康萬分感覺不到，一點病痛就唉唉大聲叫。

We are not so sensible of the greatest Health as of the least Sickness.

1748
年

仁慈的讀者：

我的年度作品在這十五年來受到公眾歡迎，鼓勵我以感激之情來對我的年曆做些修訂改進。既然我的朋友泰勒已不在人世，而他的曆書長期廣受各州支持與肯定，我不妨來學學他聞名於世的方式，每個月寫兩頁；這讓我可以多加入一些有價值的補充內容，和先前的年曆仔細一比之下就能夠發現。但我現在還沒有完全遵循他的方法，在我覺得適當的時候還是維持我的舊習慣，所以我的書會比他的還要大本，包括更多的內容。

你好啊，夜晚的靜謐！
藉著你，
我們闔上被空中火球烤灼的眼睛；
天空也綴滿無數的星星。
但是囉！我看見什麼？
遙遠的地方好像有一團火；
閃亮的隕石直接飛向地球；
它在太空中的飛行多滑溜！
如今它穿過了各個星球，

有些明智之士對它們知之甚熟。
夫人哪，將我的眼鏡遞給我，準備這最長的折磨；
是他！是泰勒的靈魂在那兒漂泊。
噢！停步，你這幸福的靈魂，快停步，
帶我穿越那還未經探勘之處；
行星漂浮在那以太之中，
游過整片蒼藍的天空。
讓我陪伴你到那裡，
一顆一顆看仔細，
看看無數的恆星，群星之海似黃金，
踏杳尋蹤追彗星。

我的繆思女神又靜下來寫散文，因為作詩並不是我本身的風格，就像空氣對飛魚也沒那麼契合，所以說，飛魚的滑翔，就像你一樣，飛得笨重又短暫。

我們在這國家裡，有的時候會抱怨嚴冬，但要是拿來與住在這塊大陸最北邊的英國殖民地——也就是邱吉爾河那地方，在哈德遜灣裡頭，在北緯五十八度五十六分、西經九十四度五十分——跟那兒的天氣比一比，我們的冬天就像夏天一樣。

皇家學會的一員——米鐸騰船長就曾經航行到那兒去過好幾次。一七四一年至一七四二年在那兒過冬，當時他正在探尋往南方海域的西北路線，想要提交給學會一份報告。我從裡頭摘錄了一些事項，像是：野兔、家兔、狐狸和松雞在九月到十月初這段時間已換上冬天的白色毛皮，一直持續到下個春季才會再度換毛。

湖泊和深度不到三公尺或三公尺五〇公分深的池塘，冬天一來就全都結凍，裡頭的魚兒全都死絕了。但是近海的河川，以及超過這個深度的湖泊，整個冬季都還能夠釣到魚，只要在冰層上鑿個洞，將釣線與魚鉤丟進去就成了。魚兒一接觸到空氣，馬上就會凍僵了。

一入冬就宰了的牛羊豬鹿，可以在這冰天雪地裡保存六到七個月，完全不會腐敗。同時宰殺的雞鴨等禽類，連同羽毛內臟都留著，在這冰天雪地裡，滋味都還不壞。此外，各種魚類也能用同樣方式保存。

在大湖、大河之上，冰層有時候會因為裡頭的空氣擠壓而破裂；岩石、樹木、柵欄、屋樑也常會發出爆裂聲，簡直像是好多人同時開槍一樣。被寒霜迸裂的石頭，累積成一大堆，在原地留下許多大坑。要是在床邊擺一罐銅罐裝的啤酒或開水，早上起床就會看到撐破的罐子。烈酒、白蘭地、濃鹽水和酒精，在空氣中三到四個鐘頭就會結成冰。地表總是覆滿冰霜，不知道累積了多深；但是在夏季的兩個月中往下挖三到三點五公尺深，都還可以發現土地凍得相當硬實。

烹飪和釀造所用的水，都是融化的冰雪；從未發現有不結冰的泉水，就算挖到地底依然找不著。所有的內陸水，在十月初就迅速凍結，直到五月中旬為止。

房子的牆壁都是石砌的，厚達六十公分；窗戶很小，有著厚重的木門，冬天裡每天都關上十八個鐘頭。他們在地窖裡會擺放葡萄酒、白蘭地等。每天會在屋裡四個爐裡燒起大火來，才能保持房內溫暖。一旦木頭燒成木炭，煙囪頂就用鐵蓋蓋上，這能讓暖氣留在屋裡，但實在會悶死人。儘管如此，火熄了的四到五個鐘頭後，牆壁內側和床邊都還會結上六十至九十公分的冰，每早都得用冰斧鑿開。每天有三、四次，十一公斤重的鐵塊要燒紅了，掛在窗戶邊，好讓從縫中鑽進的冷空氣變暖，但就算二十四小時都將火燒到最大，也沒辦法不讓啤酒、紅酒、墨水等結冰。

至於他們的冬裝，一個人要在腳上穿三雙粗毛呢襪或是厚毛襪，再套上一雙鹿皮靴；有時候則穿兩套厚英格蘭長襪，外頭再套一雙長棉襪。他們要穿兩、三件英格蘭外套，再披一件毛料或皮製的長袍。他們會戴上大大的雙層海狸皮帽蓋住臉和肩膀，還有一塊毛呢布蓋著臉頰。紡紗手套和大號海狸皮手套一定要；從雙肩前頭一路延伸下來，讓手套進去，高度約在手肘附近。

不過即使穿得這麼暖，當風從北方刮來的時候，在外頭走動的人偶爾都還會嚴重凍傷。他們的雙手、雙臂和臉都凍到起了嚴重的水泡，一進到溫暖的屋子裡，皮就紛紛脫落，甚至有些人還得切除腳趾頭。待在家中或在屋裡頭躺著接受治療的人，常會患上壞血症。很少有壞血症患者能夠免於一死，除了靠運動並到外頭走動之外，沒有任何方式可以預防。

冬天裡，由北風帶來的濃霧裡，肉眼就可以看到全是無數的冰晶，細如毫髮，卻又尖若針尖。這些冰晶會落在衣服上，要是臉部和雙手露在外頭，馬上就會腫起水泡，白得像麻布，卻硬得像牛角。不過，要是他們立即背過身，將手從手套中抽出來，摩擦起水泡的部位，有時可以使皮膚復原。要是沒效，他們會趕緊到火邊，將該部位泡在熱水裡，藉此減緩寒風造成的不適，否則皮膚很快就脫落，還會流一些漿狀的液體出來。他們之中的某些人，在冬天這五、六個月裡，每次外出都會發生這種情形，當刮起強風時，外頭的空氣就是這麼冷……米鐸騰船長就寫到這裡。

現在，我弱不禁風的讀者啊，當你在刮起西北風的時候大叫「真……真是太太太太冷了！天天天天殺的冷！」你覺得在遠離這可愛國度的地方怎麼樣？還是你寧可選擇要待在賓夕法尼亞，感謝上帝讓你生在這個可愛的地方呢？

我是為您服務的朋友

R・三德氏

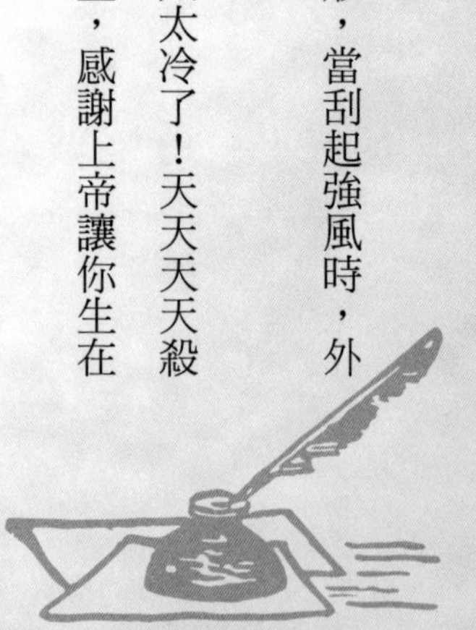

窮理查教你 變有錢人

撒謊堪稱第二壞——最糟糕的是躲債。

The second Vice is Lying; the first is Running in Debt.

窮理查教你 比別人更成功

時光一逝不復回。

Lost Time is never found again.

急匆匆，少建功。

Eilen thut selten gut.

繆思女神愛早晨。[15]

The Muses love the Morning.

15 早晨靈感多。

窮理查教你受益一生的人際攻略

人若安心無慮，恐怕安全堪虞。

He that's secure is not safe.

疑心重，可能不算錯，表現出來可就太超過。

Suspicion may be no Fault, but shewing it may be a great one.

慷慨不是給得多就贏，要給得夠聰明。

Liberality is not giving much but giving wisely.

對其他人好，就是對自己最好。

When you're good to others, you are best to yourself.

跟傻子一起過活，只會喫酒；跟智者一起生活，思考到白頭。

Life with Fools consists in Drinking; With the wise Man Living's Thinking.

聖誕大餐的飯禱要注意；別使餐桌成陷阱；要將上帝的恩澤分享給貧苦人民。

In Christmas feasting pray take care; let not your table be a Snare; but with the Poor God's Bounty share.

窮理查教你 讀心術

流氓跟蕁麻算是同一類；輕撫他一下，刺到你流淚。

Knaves & Nettles are akin; stroak 'em kindly, yet they'll sting.

大多數的傻子，都覺得自己只是無知。

Most Fools think they are only ignorant.

不能忍受他人的教養差，自己的教養也是好不到哪。

He is not well-bred, that cannot bear Ill-Breeding in others.

一知半解的哈利，什麼事情都能吹噓。

Harry Smatter, has a Mouth for every Matter.

一個傻子會犯兩種錯；他會設法補救他沒做的另一半。

Two Faults of one a Fool will make; He half repairs, that owns & does forsake.

窮理查教你 丟掉壞習慣

挑嘴的迪克，口味太挑剔，從沒吃過一餐好東西，肚子還沒填飽就離席。

Finikin Dick, curs'd with nice Taste, ne'er meets with good dinner, half starv'd at a feast.

笨頭偏愛賣弄口舌。

Half Wits talk much but say little.

窮理查教你 思考社會問題

欸！英雄都是靠吹捧！

Alas! that Heroes ever were made!

瘟疫和英雄，算是同祖宗！瘟疫還可能留下東西，英雄全掃空；所以瘟疫會帶走這種英雄，讓他們的名聲腐爛生蟲。
The Plague, and the Hero, are both of a Trade! yet the Plague spares our Goods which the Heroe does not; so a Plague take such Heroes and let their Fames rot.

東西便宜賣，就像把店蓋在古德溫沙灘上，但是不愁沒客人。
Sell-cheap kept Shop on Goodwin Sands, and yet had Store of Custom.

寬宥惡人，就是傷害善人。
Pardoning the Bad, is injuring the Good.

黑暗中駕車亂衝，為害甚重。
'Tis very ill driving black Hogs in the dark.

竊賊一定有甜頭，竊鉤者誅，竊國者諸侯——但是，那對你和我來說，又算是什麼呢？
Robbers must exalted be, Small ones on the Gallow-Tree, While greater ones ascend to Thrones, But what is that to thee or me?

窮理查教你 健康自己來

不想冷天得到胸膜炎，不想熱天患熱病和感冒；那就別吃太多、別穿太暖和。

To avoid Pleurisies, &c. in cool Weather; Fevers, Fluxes, &c. in hot; beware of Over-Eating and Over-Heating.

1749 年

窮理查教你變有錢人

滿足和富裕，並不總是一對好伴侶。

Wealth and Content are not always Bed-fellows.

能知足，窮人也富有；不知足，富人也窮窘。

Content makes poor men rich; Discontent makes rich Men poor.

能夠省下四毛錢，這一毛就花得划算。

'Tis a well spent penny that saves a groat.

不當信託，不要爭辯，不要作保，不要借錢；你就能終生平穩享天年。

Neither trust, nor contend, nor lay wagers, nor lend; and you'll have peace to your Lives end.

切勿輕忽些微的損失或收穫；小土堆也能堆成山：要看重每一筆小支出，別浪費事物，省下的每一錙銖，都能夠積累致富。

Nor trivial Loss, nor trivial Gain despise; molehills, if often heap'd, to Mountains rise: weigh every small Expence, and nothing waste, farthings long sav'd, amount to Pounds at last.

窮理查教你 比別人更成功

可愛的人和機智的人，都能打得你渾身傷痕。

Pretty & Witty, will wound if they hit ye.

對驕傲嗆聲，並不總是謙卑的象徵。

Declaiming against Pride, is not always a Sign of Humility.

智者從他人受的傷害中學習；傻子從自己受的傷害中得教訓。

Wise Men learn by others harms; Fools by their own.

最善良的天性，沒有明智的指引，會變成最大的不幸。

Great Good-nature, without Prudence, is a great Misfortune.

關於思辨或實踐的學習，在民主政體或貴族政體裡，都是財富與榮耀的天生來源。

Learning, whether Speculative or Practical, is, in Popular or Mixt Governments, the Natural Source of Wealth and Honour.

言辭可以顯示一個人的機智，但行動才真正展現出他的意思。
Words may shew a man's Wit, but Actions his Meaning.

激情若是要衝刺，得要讓理性去控制。
If Passion drives, let Reason hold the Reins.

智者從敵人身上得到的收穫，比傻瓜從朋友身上得來的更多。
The wise Man draws more Advantage from his Enemies, than the Fool from his Friends.

激情之止，懺悔之始。
The end of Passion is the beginning of Repentance.

沒有什麼物品，能夠比良善更有價值。
A Man has no more Goods than he gets Good by.

良心常常保清白，恐懼就從此不來。
Keep Conscience clear, then never fear.

將上午該完成的事延到下午才進行，不僅是糟糕的管理，還顯示出懶散的習性。

It is not only ill Management, but discovers a slothful Disposition, to do that in the Afternoon, which should have been done in the Morning.

少年時的一技之長，會為成年帶來萬貫家財，那時候的寫作和記帳，都不再是低賤的事項。

Useful Attainments in your Minority will procure Riches in Maturity, of which Writing and Accounts are not the meanest.

今天能小心完成的事情，之後可能會有未曾預期的危險來臨；事先的預期都不能確定，運氣的脆弱，一如其美麗。

What can be done, with Care perform to Day, dangers unthought-of will attend Delay; your distant Prospects all precarious are, and Fortune is as fickle as she's fair.

本地女士的鼻子，對於阿拉伯的香味不會感到興趣。中國的悅耳音樂，在賓州最挑剔的耳朵裡聽不下去。日本最精緻的美食，也不會成為其他國家的桌上佳肴。但藉由善良與大方的行為所表現出的仁慈心腸，在世界各地都會同樣受到讚揚。

The nose of a lady here, is not delighted with perfumes that she understands are in Arabia. Fine musick in China gives no pleasure to the nicest ear in Pennsilvania. Nor does the most exquisite dish serv'd up in Japan, regale a luxurious palate in any other country. But the benevolent mind of a virtuous man, is pleas'd, when it is inform'd of good and generous actions, in what part of the world soever they are done.

曾經是窮人不丟臉，覺得這事兒丟臉才丟臉。

Having been poor is no shame, but being ashamed of it, is.

選擇最佳的生活方式，習慣會讓生活變得最為愉快。

Pitch upon that course of life which is most excellent, and CUSTOM will make it the most delightful.

如果你的頭是塊蠟，千萬別走在太陽下。

If your head is wax, don't walk in the Sun.

製造傷害讓你輸給敵人；報復他人只讓你跟他相等；只有原諒能讓你勝過他人。

Doing an Injury puts you below your Enemy; Revenging one makes you but even with him; Forgiving it sets you above him.

窮理查教你 受益一生的人際攻略

忽視能消除傷害，報復卻會增加傷害。

Neglect kills Injuries, Revenge increases them.

有種野心值得讚賞，就是要變得比鄰居更棒。

'Tis a laudable Ambition, that aims at being better than his Neighbours.

窮理查教你 讀心術

狐狸都會愈老愈精明，但沒幾隻愈老愈善良。

Many Foxes grow grey, but few grow good.

吃得太多嘴就挑。

Too much plenty makes Mouth dainty.

所有人都想要長生，卻沒有人想要變老。

All would live long, but none would be old.

挑剔的人愛什麼，乞丐最知道。

Who dainties love, shall Beggars prove.

窮理查說：

「挑剔的人愛什麼，乞丐最知道。」（1749）

「花錢買了令人後悔的東西，真是傻兮兮。」（1758〈財富之路〉）

「傻子做菜忙，卻讓智者吃得香。」（1733）

窮理查教你 丟掉壞習慣

藉酒澆愁愁更愁。

Drink does not drown Care, but waters it, and makes it grow faster.

傲慢先讓人盲目，再讓人忙碌。

Presumption first blinds a Man, then sets him a running.

人家說驕傲是好人最難根除的惡習。它是個變形蟲，以各種面貌掩藏自己，有時候甚至會戴上謙卑的面具。

PRIDE is said to the last vice the good man gets clear of. 'Tis a meer Proteus , and disguises itself under all manner of appearances, putting on sometimes even the mask of humility.

窮理查教你 思考社會問題

不同教派就像不同的時鐘，內容差不多，彼此意見卻不同。

Different Sects like different clocks, may be all near the matter, tho' they don't quite agree.

窮理查教你 健康自己來

看病要及時：因為要是水腫過度，撐破皮膚，患者只能哀嚎著草藥沒效，這才去看醫生，才恨沒有及早：太晚受治療，財產有一半都花掉；一萬個醫生也沒辦法還他健康歡笑。

Watch the disease in time: For when, within the dropsy rages, and extends the skin, In vain for helebore the patient cries, and sees the doctor, but too late is wise: Too late for cure, he proffers half his wealth; ten thousand doctors cannot give him health.

1750 年

致讀者：

對許多作家來說，博得名聲不墜的願望是他們寫作的最大動機。有些人——雖然數量並不多——成功了；其他人——可能數量更少——或許要到死後才會成功，藉由他們的著作留名千古，就像我們所知的古人一樣。

就和許多追求聲名的其他作家一樣，我們星象學家在痛苦的寫作與辛勤的推測後，每年年尾都要遭受看著自己的作品被當成廢紙丟掉的屈辱。唯一的慰藉，就只有這些短命作品能比其他同行的著作更耐久而已。不過，就像薛西弗斯無盡的折磨一樣，我們每年都要將另一顆巨石推上繆思女神的山丘，卻永遠到不了山頂，而且馬上就又落下。

仁慈的讀者，這是我如此勞作的第十七個年頭。藉著您持續的善意，讓我就算沒有得到文學桂冠，至少也有一些小錢；而後者可能還是兩者之中比較好的，因為一個人在世時得到食物的實質滿足，並不比死後才得到的讚揚更差。

我去年的書裡有幾處小錯誤：有些是作者的

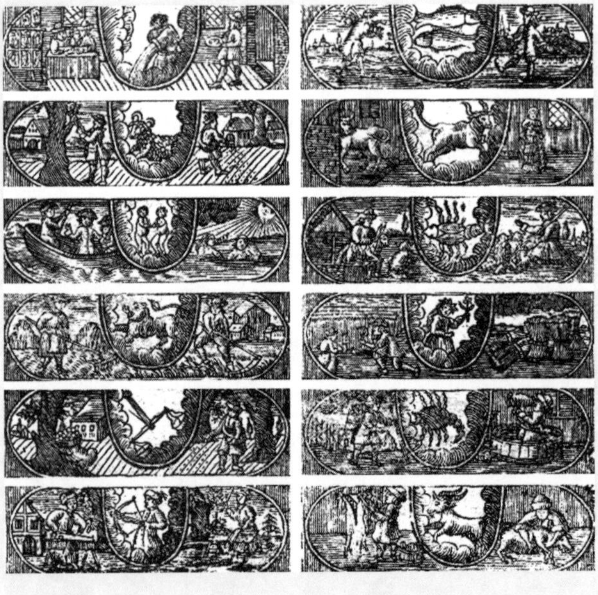

《窮理查年鑑》裡的十二星座插圖，摘自一七五〇年的《窮理查年鑑》。

錯，但大都是出版商的問題。就讓各人得到應得的責備，自己懺悔，未來好好改進。我在八月的第二頁提到一百二十是二十八之後的下一個完美數[16]；這是錯的，一百二十並不是完美數，二十八之後的下一個完美數是四百九十六。第一個完美數是六；對這些數學問題有興趣的讀者可繼續尋找第四個完美數。

而在三月的第二頁，某些本子將地球的周長印為近六千四百三十七・公里，而非三千八百六十二・四公里，而圖二則是一開始就被省略了。這是出版商的錯：他就是會在詩句裡頭的同一字，故意省掉母音，卻又放入太多子音，像是將「瘋狂」（mad）印成「製造」（made），或將「扭曲的」（warp'd）印成「溫順的」（wrapp'd）；這等於完全搞錯這些句子的意思，只留下相同的韻腳而已。

諸如此類的錯誤，還請讀者自己衡量，看看是要原諒他或要指責他：因為這些情況中，主要遭受損失與傷害的是讀者，若他一開始就沒有讀懂我的意思，他可能就永遠不懂了；他絕對不會再讀我的書了。

出版商真的應該要特別注意他們怎麼會忽略一個字母，甚至是整幅圖，因為這種情況很可能會嚴重扭曲原意。我聽說過，有一次，在某個新版的《祈禱書》中，「我們在轉瞬之間，就會轉變」這句話因為漏印了一個字母，結果變成「我們在轉瞬之間，就會被吊死」，使大多數人第一次讀到的時候大吃一驚。

希望今年對您闔家大小是幸福的一年，仁慈的讀者，這是您忠貞的朋友我衷心的祈願。

R・三德氏

[16] 又稱完全數，是種特殊自然數，其真因數的總和等於本身，例如：六的真因數為一、二、三，總和等於六。

窮理查教你 變有錢人

付清你的債，你值多少自己就會明白。

Pay what you owe, and what you're worth you'll know.

換床治癒不了熱病，換工作也治癒不了不滿的心靈。

Discontented Minds, and Fevers of the Body are not to be cured by changing Beds or Businesses.

許多人都認為自己買到了享受，其實是將自己賣給享受當奴隸。

Many a Man thinks he is buying Pleasure, when he is really selling himself a Slave to it.

窮理查教你 比別人更成功

能夠忍受責難，而且改過遷善，這樣的人如果不是智者，就是在成為智者的康莊大道上。

He that can bear a Reproof, and mend by it, if he is not wise, is in a fair way of being so.

能夠控制激情就是主人，只能服從激情就淪為僕人。
He is a Governor that governs his Passions, and he a Servant that serves them.

想摧毀敵人，自己先做好人。
Wouldst thou confound thine Enemy, be good thy self.

謙遜是美德，害羞卻是惡。
Tho' Modesty is a Virtue, Bashfulness is a Vice.

將自己家族當成榮耀真丟臉！你該為自己家族爭臉面。
'Tis a Shame that your Family is an Honour to you! You ought to be an Honour to your Family.

最堅硬的東西有三種：鋼鐵、鑽石和自知。
There are three Things extreamly hard, Steel, a Diamond and to know one's self.

驕傲跟欠缺都是大聲嚷嚷的乞丐，但是比起欠缺，驕傲還要更無賴。
Pride is as loud a Beggar as Want, and a great deal more saucy.

先把你的手洗乾淨，再來指摘我污點。

Clean your Finger, before you point at my Spots.

只要工夫下得深，小刀鋸斷老樹根。

Little Strokes, fell great Oaks.

別把你天分掩蓋住，它們天生有用處。

Hide not your Talents, they for Use were made.

無名小卒與謙卑，讓其他人物與德行的價值翻十倍。

A Cypher and Humility make the other Figures & Virtues of ten-fold Value.

玻璃、瓷器和名譽，都脆弱易碎，修補不易。

Glass, China, and Reputation, are easily crack'd, and never well mended.

沒人能夠無德卻有福。

Beatus esse sine Virtute, nemo potest.

日晷放在陰影裡，這是什麼玩意！[17]

What's a Sun-Dial in the Shade!

窮理查教你 讀心術

飢餓是最棒的開胃菜。

Hunger is the best Pickle.

人若事務眾多，藉口一定也多。

Those that have much Business must have much Pardon.

你若不知事物的本質，光知道它的名字有何意義？

What signifies knowing the Names, if you know not the Natures of Things.

[17] 勿隱藏自己的天賦。

窮困同時又誠實，（雖然很光榮）實在不是件易事：空布袋很難站得直；要是站得起來，一定很堅實！

Tis hard (but glorious) to be poor and honest: An empty Sack can hardly stand upright; but if it does, 'tis a stout one!

提姆學問好，能用九種語言來為一匹馬兒命名號；他的無知也夠徹底，買頭母牛當馬騎。

Tim was so learned, that he could name a Horse in nine Languages; So ignorant, that he bought a Cow to ride on.

無知會使人虔誠，如果這話是認真無誤，忠實的魯夫斯啊，你真的是全天底下最虔誠的人。

That Ignorance makes devout, if right the Notion, 'Troth, Rufus, thou'rt a Man of great Devotion.

窮理查教你 丟掉壞習慣

許多人的生活都只想要靠機智，卻老是敗在沒知識。

Many would live by their Wits, but break for want of Stock.

你能比一個人狡猾，但不可能比所有人奸詐。

You may be too cunning for One, but not for All.

把酒灑出來，只會損失那一點；把酒喝下去，往往連自己也搞不見。

He that spills the Rum, loses that only; He that drinks it, often loses both that and himself.

窮理查教你 思考社會問題

聲音能夠通過公羊的角而不受影響，健全學說能通過牧師之口卻改正不了他。

Sound, & sound Doctrine, may pass through a Ram's Horn, and a Preacher, without straitening the one, or amending the other.

沒受教育的天才，就像銀礦土裡埋。

Genius without Education is like Silver in the Mine.

要不是為了背個肚子，背脊也可以背著金子。

If it were not for the Belly, the Back might wear Gold.

窮理查教你 這樣在一起更幸福

你能忍受自己的差錯虧欠，為何不能忍受你妻子的缺點？

You can bear your own Faults, and why not a Fault in your Wife.

1751
年

可敬的讀者：

星象學是一門最古老的學問，古代的智者以及偉人都非常看重。從前的國王在決定開戰或談和之前，將軍在作戰之前——簡言之，在做出重要決定前，不會不徵詢星象學家的意見，因為他們會觀察天體的方位，訂出吉時良辰。現在，這項高貴的技藝（在我們這時代當做是丟臉的事情）卻被眾人唾棄。達官貴人忽略我們，國家建立軍隊、國會通過法令，都不再問過我們——我們學問的成果，現在除了拿來問什麼時候收割、什麼時候閹豬，幾乎沒有其他用途。

之所以會如此不幸最主要的原因還是來自我們自己。無知的人群要不是受到我們之中某些人的鼓勵，絕不敢輕視我們神聖的話語，但是維納斯女神也曾被她自己的孩子背叛：她教給了那些孩子她這項神技最高超的技巧，而現代最頂尖的天文學家，那些牛頓、哈雷、惠斯頓，不顧自己的清白良心，毫不間斷地批評、污蔑她。在這些人中，只有最後一位——惠斯頓先生，在最後悔過，誠實地說出心聲。在他先前的作品中他將占星術視作怪獸，宣稱除了恆星之外，行星（不包括太陽和月亮）相當遠離地球，因此不可能對地球有任何影響，所以也不可能從它們的位置預測任何事項。

不過，一七四九年，他於八十二歲時出版的回憶錄中，在第六〇七頁上預言了土耳其帝國、奧地利國會、日耳曼皇帝與羅馬教廷的突然崩解，以及猶太人的復興、千禧年的開始，都會在一七六六年發生。

這還不只是《聖經》裡的預言，而是用他自己的話所說的：「顯著的星象徵兆，可以預告即將會發生什麼事情，就像是一七一五年來發生的極光；還有在宗教改革的四年間——一五三〇年、一五三一

年、一五三三年、一五三四年就出現了六顆彗星；以及先前這十一年裡——一七三七年、一七三九年、一七四二年、一七四三年、一七四四年、一七四八年中又出現了七顆彗星。就像在一七四八年七月十四日，發生全日蝕，日蝕區域掃過了四個國家，從蘇格蘭一直到東印度。而自去年七月日環蝕後，月亮每個月定期行經金牛座昴宿星團的情形，會維持超過三年，整個羅馬帝國境內都能看到，就像從五九〇年到五九五年，月亮與金牛座的五顆星有六年彼此交會，一如先知以撒亞的預言一樣。還有一七五三年四月二十五日，水星會經過太陽，將可以在全帝國境內看到。一四五六年、一五三一年、一六〇七年、一六八二年的彗星，在一七五七年年底或是一七五八年年初會再次出現，同樣在帝國境內可以看到。一七六一年五月二十六日，金星經過太陽，帝國全境內也同樣可以看見；最後，一七六四年三月十一日的日環蝕，在帝國境內也都同樣能夠看到。」

從這些天文徵象中，他預測了今後十六年的大事：「基督降臨的遷徙年要開始了，新天新地就要來了；基督教國家中將不再有不信者（第三百九十八頁），唐橋邊也不會再擺賭桌了。」

一旦這些預言成真，對我們技藝的真實性，還有什麼更光榮的證明？要是這些預言不準，就無疑會有像惠斯頓先生這樣的天文學家，從天空中看到其他的徵兆，推斷不信者的皈依將會延遲，而千禧年也將延期。在歷經這些大事之後，還有人會懷疑我們能夠預測下小雨或出太陽的能力嗎？

讀者們，再會了，善用您的光陰與年曆，因為您知道，根據惠斯頓所言，您最多就只剩下這十六年。

R・三德氏，於波多馬克，一七五〇年七月三十日

窮理查教你 變有錢人

如果你的錢財真屬於你，何不帶著一起歸西？
If your Riches are yours, why don't you take them with you to the t'other World?

「貪婪」無所不用其極的累積，不過經常被「野心」愚蠢地揮霍殆盡。
Ambition often spends foolishly what Avarice had wickedly collected.

既然我們的時間已經有了個標準，寶貴時光已經化為鐘點計算，勤奮的人就知道應該怎麼利用每個片刻，在他們各自的專業中獲得真正的益處：虛度時光的人，事實上，就是揮霍無度的人。
Since our Time is reduced to a Standard, and the Bullion of the Day minted out into Hours, the Industrious know how to employ every Piece of Time to a real Advantage in their different Professions: And he that is prodigal of his Hours, is, in Effect, a Squanderer of Money.

如果我們丟了錢，可能會有些憂慮。如果錢是被騙走或搶走，我們會生氣：但是失去的金錢可能找得回來；被搶的東西可能會復原：然而寶貴的時光一旦失去，就再也追不回了；可是我們還是恣意揮霍，當做它毫無價值、沒有用處。

If we lose our Money, it gives us some Concern. If we are cheated or robb'd of it, we are angry: But Money lost may be found; what we are robb'd of may be restored: The Treasure of Time once lost, can never be recovered; yet we squander it as tho' 'twere nothing worth, or we had no Use for it.

克制最初的慾望還不算難，滿足隨之而來的其他慾望才難辦。

'Tis easier to suppress the first Desire, than to satisfy all that follow it.

愛慕虛榮的確是種空虛的詛咒；你要是迷戀任何風潮，最好先看看你的荷包。

Fond Pride of Dress is sure an empty Curse; E're Fancy you consult, consult your Purse.

不去監督手下勞工，就是拿你的錢包給他們打秋風。

Not to oversee Workmen, is to leave them your Purse open.

窮理查教你 比別人更成功

有勇有智，才敢自承做錯事。

The Wise and Brave dares own that he was wrong.

Benjamin Franklin

窮理查說：

「不去監督手下勞工，就是拿你的錢包給他們打秋風。」（1751）

「想要有個信實的僕役，那就凡事靠自己。」（1737）

昨日不忘，今日之師。

To-day is Yesterday's Pupil.

我們能夠提供建議，卻不能給人品行。

We may give Advice, but we cannot give Conduct.

什麼東西比黃金更有價值？鑽石。比鑽石更有價值的是什麼？品德。

What more valuable than Gold? Diamonds. Than Diamonds? Virtue.

窮理查教你 受益一生的人際攻略

友誼靠著拜訪可增溫，但不要常上門。

Friendship increases by visiting Friends, but by visiting seldom.

別從人們週日的裝束衡量他們的虔誠和財富。

Don't judge of Mens Wealth or Piety, by their Sunday Appearances.

窮理查教你 讀心術

很多人會對小恩小惠加以回報、體會中等恩惠有多少，卻對大恩大德不知回報。
Most People return small Favours, acknowledge middling ones, and repay great ones with Ingratitude.

驕傲的人也討厭別人的驕傲。
The Proud hate Pride—in others.

知道自己屁股臭，就會特別在意別人皺鼻頭。
He that is conscious of a Stink in his Breeches, is jealous of every Wrinkle in another's Nose.

狡詐多計，主要來自沒能力。
Cunning proceeds from Want of Capacity.

愛情和牙疼都有許多的療方，但是，除了獲取和根除之外，沒有一個辦法能夠屢試不爽。
Love and Tooth-ach have many Cures, but none infallible, except Possession and Dispossession.

窮理查教你 丟掉壞習慣

比起告訴朋友他犯的錯，你對朋友的信賴真是夠多，才會告訴朋友你自己的過錯。
'Tis great Confidence in a Friend to tell him your Faults, greater to tell him his.

酒醉是眾惡之首，會讓某些人變傻子，某些人變野獸，還讓某些人變成惡魔。
Drunkenness, that worst of Evils, makes some Men Fools, some Beasts, some Devils.

窮理查教你 思考社會問題

繁榮之世才有惡，不合之世顯美德。
Prosperity discovers Vice, Adversity Virtue.

被控訴的可憐蟲要見律師面談，只能聲聲喚，因為律師聽不懂他的話，直到他付錢疏通。
Pillgarlic was in the Accusative Case, and bespoke a Lawyer in the Vocative, who could not understand him till he made use of the Dative.

要是身分地位沒那麼好，有好多人都顯得更糟。

Many a Man would have been worse, if his Estate had been better.

一個日子是假日，就是因為它是神聖的日子。

'Tis not a Holiday that's not kept holy.

1752

年

仁慈的讀者：

因為國王與國會認為我們應該更改年制，從一七五二年九月中剔除十一天，並要我們從一月一日就開始採行，所以目前的曆法計算就得做一些修改，現在，我要說說其中的理由，以稍微滿足您的好奇心。

四季遞嬗似乎給了我們紀年的第一個理由。人類天生就想要知道為什麼會有這種變化，而且很快就發現這是距離太陽遠近的影響；根據這個現象，我們將太陽按軌道運行一週的這段時間稱為一年。因此，我們根據四季的區分，制定了什麼叫做一年。四季的主要特點就在於：每年當中的同樣時段，應該要對應到相同的季節；也就是每年元旦，太陽應該永遠都是在軌道上的同一點；四季應該按照規律輪流交替。

各個民族採取不同的方式來制定曆法：大家將年頭定在黃道的不同位置上，甚至連年的日數計算也不一樣。所以有些民族的紀年比其他民族的紀年更準確，但是沒有一個民族的紀年是完全精準的，沒有一個民族根據太陽運行的計數是完全精準的。

如果希羅多德的話可信，埃及人是第一個發明紀年的民族，將一年分為三百六十天，再細分為十二個月，每月三十天。此外，再加上五天的水星日。據說塔類斯根據這樣的基礎，建立了希臘的紀年法，雖然並非全希臘都採行這套曆法。另外，猶太人、敘利亞人、羅馬人、波斯人、衣索比亞人、阿拉伯人等等，紀年方式也都各自不同。其實，在天文學還不發達的那些年代裡，也難怪不同的民族會對計算太陽運行的日期見解不同。

迪奧多羅斯、普魯塔克、普林尼等人甚至還一再保證，埃及起初的紀年法跟後來採用的完全不同。

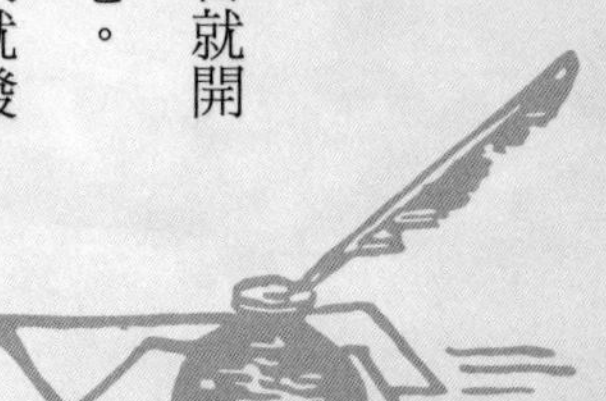

根據我們的算法，每一太陽年，或說太陽在黃道運行一周又回到起始點的時間，是三百六十五天五小時四十九分——儘管有些天文學家說還要再少個幾秒，還有些人說應該再少一分鐘。舉例來說，克卜勒就認為一年是三百六十五天五小時四十八分五十七秒三十九，而里克丘魯斯說是三百六十五天五小時四十八分；第谷・布拉赫也說是三百六十五天五小時四十八分。

民用年[18]則是每個民族設計用來計算時間的紀年法；或者也可以說，民用年就是只計算每一回歸年裡頭的每個整數日，多出來的時間就擱置一旁，好讓一般日常生活的時間計算更加簡便。

所以每一回歸年是三百六十五天五小時四十九分，而民用年則是三百六十五天。也因此，為了跟上天體運行的速率，而每年又剛好多出六小時，我們就規定每個第四年就加為三百六十六天，才能維持紀年準確。由羅慕路斯定下的古羅馬曆，只分成十個月，也就是一月（現在的三月）有三十一天；二月（現在的四月）有三十天；三月（現在的五月）三十一天；四月（現在的六月）三十天；五月三十一天；六月三十天；七月（現在的九月）三十天，八月（現在的十月）三十一天；九月（現在的十一月）三十天；十月（現在的十二月）三十天；一共三百零四天，而這整整比一太陽年少了六十一天。

所以，羅慕路斯曆的元旦非常模糊，不能夠準確對應各個季節；為了解決這項不便，國王就規定每年要加上這些少掉了的日子，才能讓天文現象對應到第一個月分，但不將這些日數加入曆法，也不把這些日數按月分命名。

[18] 又稱「日曆年」，區別於天文年。

直到努馬・彭皮流斯，才校正了這個不規則的曆法，多加進二個月分，也就是一月和二月，把先前曆法要加算的日數算進來。因此努馬曆就包含了十二個月分；也就是一月有二十九天；二月有二十八天；三月三十一天，四月二十九天；五月三十一天；六月二十九天；七月三十一天；八月二十九天；九月二十九天；十月三十一天；十一月二十九天；十二月二十九天；總共三百五十五天，比一般太陽年少十天；所以這紀年法的年頭還是不準確。

努馬想要讓曆法與冬至日吻合，所以每隔一年的二月要多閏二十二天，隔三年的二月多閏二十三天，隔五年多閏二十二天，隔七年多閏二十三天。但這套辦法還是不能解決問題，得要創出新的置閏法，所以不再每八年多閏二十三天，改為多閏十五天。這一切都要由當時的大祭司宣佈，但他們經常不顧託付，把整件事弄得混亂無比——羅馬紀年一直維持到凱撒上台才進行改革。

凱撒的儒略曆是太陽年紀法，一年共有三百六十五天，每四年一閏，閏年有三百六十六天。儒略曆的月分名稱與次序，還有每個月分包含的日數，正如我們所知，就這樣一直沿用下來。所以，儒略曆的每一天文年一共是三百六十五天又六小時，但這又比真正太陽年多出十一分鐘，以至於每一百三十一就多出一整天。所以羅馬曆法到了額我略教宗時又進行一次大改革。凱撒進行曆法改制時，由知名的數學家索希葛涅斯幫忙，沿襲了埃及曆法來改正紀年。他將先前大祭司忽略掉的六十七天補上，定下每年以冬至日為元旦的曆法，規定每年有十五個月，共四百四十五天——通常稱為混淆曆。

這套曆法在基督國家中都有在採用，直到十六世紀中葉止；有幾個國家至今還在使用。至於其他國家，像瑞典、丹麥等國，還有明年九月開始的英國，都將改採用格里高利曆（公曆）。

公曆是修訂過的儒略曆，根據以前的紀年法，每個世紀的最後一年是閏年；根據新曆法，每四年設一閏年，其他三年都是正常年。

凱撒曆中那十一分鐘的誤差雖然很小，但一再重複之後就相當可觀了。事實上，從凱撒修訂曆法後至今已多出了十三天，使得春分與秋分的日期相當混亂。為了彌補這種持續不規則的情況，教宗額我略十三世號召了當時最重要的天文學家，共同研議出這項改革；在尼斯議會上將既有的春分日減去十天，也就是將當年的十月五日跳到十五日。到了一七〇〇年，這十天的誤差又增為十一天，日耳曼新教諸國為了避免繼續混淆下去，接受了公曆。現在到了一七五二年，英國也依例辦理。但是公曆離完美無誤仍然非常地遙遠，因為我們已經指出，每四個世紀，凱撒曆就多出三天又一小時二十分鐘：但是公曆只減去三天，所以每四個世紀還是會多出一小時二十分鐘，在七十二個世紀後就會累積成為一整天了。

儘管歷史紀年都是從割禮節一月一日開始，義大利和德國也都從當天開始新的一年，但介在之前，英國的國曆則是將每年的元旦訂在天使報喜節，也就是三月二十五日。而今，國會已經通過法案今後採行這套曆法，要以一月一日作為一七五二年的元旦了。自從通過這項法案後，貴格會教派在倫敦的年度聚會上同意要勸告朋友採行新曆，略過九月的十一天，並以一月一日作為每年元旦，這也是他們後來之所以稱之為「一月」的道理，其他月分也同樣，所以九月現在就為「九月」，而十二月就稱「十二月」。

這項國會法案包括許多重要事項，且適用於所有不列顛殖民地，為了滿足公眾，我應該完整敘述出來。根據慣例，同樣地，我還是要祝福所有仁慈的讀者，在這新年裡（真的是新的一個年，因為我們從來沒見過，也不會再見到了），都能幸福快樂！

窮理查教你 比別人更成功

比起受傷就報仇，原諒就顯得高貴得多，而鄙夷更是有男子氣概得多。

'Tis more noble to forgive, and more manly to despise, than to revenge an Injury.

開會要趁用餐前；思考與行動，飽腹都會覺得討厭。

Hold your Council before Dinner; the full Belly hates Thinking as well as Acting.

少了釘子，馬蹄鐵就掉了；少了馬蹄鐵，馬兒就輸了；少了馬兒，騎士也就迷路了。

For want of a Nail the Shoe is lost; for want of a Shoe, the Horse is lost; for want of a Horse the Rider is lost.

窮理查教你 受益一生的人際攻略

玩木匠的工具是惡劣的玩笑，玩醫生的工具更糟糕。

It is ill Jesting with the Joiner's Tools, worse with the Doctor's.

有善於忍受的脾氣，就得忍受許多東西。
A Temper to bear much, will have much to bear.

嚴酷經常是仁慈；仁慈往往是嚴酷。
Severity is often Clemency; Clemency Severity.

伸兩次援手，給得快過頭；馬上就又被要求。
Bis dat qui cito dat: He gives twice that gives soon; ie he will soon be called upon to give again.

過於有禮的脾氣，就是對自己無禮。
The too obliging Temper is evermore disobliging itself.

客套不是禮貌；禮貌不是客套。
Ceremony is not Civility; nor Civility Ceremony.

不當的讚辭，是苛刻的諷刺。
Praise to the undeserving, is severe Satyr.

窮理查說：

「欠缺關懷的危害，大過無知造成的傷害。」（1746）

「少了釘子，馬蹄鐵就掉了；少了馬蹄鐵，馬兒就輸了。」（1752）

兄弟不一定是朋友，朋友卻永遠是弟兄。

A Brother may not be a Friend, but a Friend will always be a Brother.

心胸若寬大，四海是一家。

Generous Minds are all of kin.

窮理查教你 讀心術

要是懦夫和傻子太無情；勇者與智者，都可堪憐憫。

The Brave and the Wise can both pity and excuse; when Cowards and Fools shew no Mercy.

老男人跟小孩子都同樣有玩具——只是價格有差距。

Old Boys have their Playthings as well as young Ones; the Difference is only in the Price.

要是人可以滿足一半的願望，就會多出一倍的麻煩。

If Man could have Half his Wishes, he would double his Troubles.

驕傲要果腹，吃的就是輕蔑與虛榮。

Pride dines upon Vanity, sups on Contempt.

小孩和國王，都會為了小事情吵不完。

Children and Princes will quarrel for Trifles.

1753年

可敬的讀者：

這是我第二十次向您致意，而我也有理由往自己臉上貼金，因為我的作品顯然並非不受公眾歡迎。

我為我的氣象預測能夠大受歡迎而感到特別開心；的確，那些預測所根據的計算都相當地小心仔細，我敢說，那裡頭沒有一個預測——像是飄雪、下雨、落冰雹、轉熱、結霜、起物、刮風或打雷等等，沒有一個不是在預測的當天準時發生的，只是看發生在我們這小小地球上的這裡或那裡罷了（當您考慮到我們和我們所觀測的星星之間的遙遠距離，您得同意這樣預測內容非常準確）；我說的是在我們這個地球上。儘管在其他事項上，我只將我的年曆專注在對北美殖民地的用處，但是在氣象這件重要的事情上，由於受到普遍的重視，我就更廣泛地來談，也因此包括了南北兩個半球——北起哈德遜灣，南至霍恩角。

您會發現到，這本年曆採用了我先前的寫法，只是如今也採用了國會法案所規定的新曆法，關於這點，去年我已經向您鉅細靡遺地說明了。這項新法案既然是要修正第一法案，對我們的影響其實不大，因為那只是要規範在英格蘭的某些法人在倒閉之前的某些事務。

我只有在每個月的第二頁增加一欄，對照新曆法與舊曆法的日期，這可能在許多場合都派得上用場；我就說到這兒了（相信您會原諒我這簡短的序言，這是為了給其他更重要的事物多留一點空間）。

您的朋友與僕人

R・三德氏

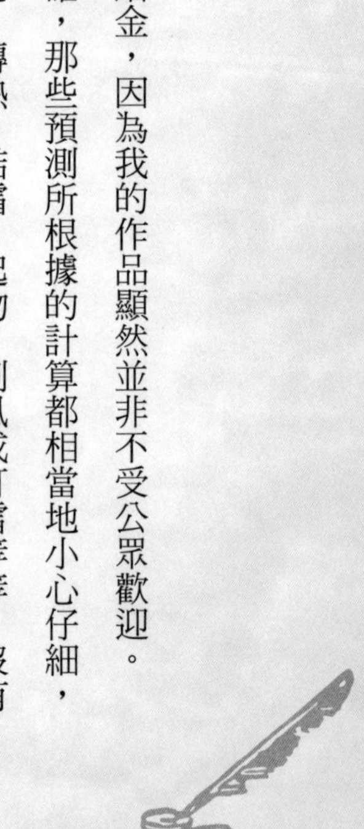

窮理查教你 變有錢人

人若不滿足，沒有一張椅子堪稱舒服。

The discontented Man finds no easy Chair.

在市場中有耐心，價值一年一磅金。

Patience in Market, is worth Pounds in a Year.

認為金錢萬能，很容易會被當成拜金的人。

He that is of Opinion Money will do every Thing, may well be suspected of doing every Thing for Money.

窮理查教你 比別人更成功

突如其來的權力，易成為無恥；突如其來的自由，容易變無禮；最好的辦法，是逐步給予。

Sudden Power is apt to be insolent, Sudden Liberty saucy; that behaves best which has grown gradually.

憤怒從來不會沒理由，只是很少會是好理由。
Anger is never without a Reason, but seldom with a good One.

未經利用的空暇，不算真閒暇。
It is not Leisure that is not used.

理性在講道理時若不聽，它會打你的耳括子。
When Reason preaches, if you won't hear her she'll box your Ears.

欲速則不達。
Haste makes Waste.

精簡的裁決好過臃腫的判斷。
A lean Award is better than a fat Judgment.

說大話的人可能不是傻子，但相信他的人就絕對會是。
A great Talker may be no Fool, but he is one that relies on him.

窮理查教你受益一生的人際攻略

繪畫和打架，保持距離最好看。
Paintings and Fightings are best seen at a distance.

一雙不說話的耳朵，搾乾一百條舌頭。
A Pair of good Ears will drain dry an hundred Tongues.

上帝、父母與老師，恩情永遠難回施。
God, Parents, and Instructors, can never be requited.

最受期待的禮物，是回報而不是施捨。
Gifts much expected, are paid, not given.

想要受到別人的稱讚，那麼，你就得先撒下種子——要說寬厚的言辭，要做有用的事情。
If you would reap Praise you must sow the Seeds, gentle Words and useful Deeds.

窮理查教你 讀心術

無知使人結黨，羞恥讓他們不敢脫黨。

Ignorance leads Men into a Party, and Shame keeps them from getting out again.

一旦失寵，沒人認識你；一朝獲寵，連你都不認得你自己。

When out of Favour, none know thee; when in, thou dost not know thyself.

窮理查教你 思考社會問題

要是官員都不做好事，人民的善心就會餓死。

The Good-will of the Governed will be starv'd, if not fed by the good Deeds of the Governors.

服侍上帝要靠與人為善，只是祈禱常被當成方便法門，所以才會吸引更多人。

Serving God is Doing Good to Man, but Praying is thought an easier Service, and therefore more generally chosen.

付利息是違背了某些人的原則，買通官員看起來也像是違反其他人的利益。

'Tis against some Mens Principle to pay Interest, and seems against others Interest to pay the Principal.

惡化的傷還能治，惡化的名聲沒藥醫。

An ill Wound, but not an ill Name, may be healed.

哲學和紈褲子弟一樣，經常能改變流行趨向。

Philosophy as well as Foppery often changes Fashion.

設立太好的榜樣，是一種很少被原諒的毀謗——那是對權貴的中傷。

Setting too good an Example is a Kind of Slander seldom forgiven; 'tis Scandalum Magnatum.

許多人為了宗教爭吵，卻從來不曾按著行道。

Many have quarrel'd about Religion, that never practis'd it.

最了解這世界就最討厭這世界。

He that best understands the World, least likes it.

窮理查教你 給對愛不怕寵壞孩子

美德，以及手藝，是小孩的最佳補品。

Virtue and a Trade, are a Child's best Portion.

1754
年

仁慈的讀者：

我至今已經為您服務了三個學徒期[19]，但是，儘管我這麼老了，我仍不願放棄為您服務，可是我也該高興還能為您繼續服務九個學徒期的時間。

第一批占星學家，我想是群老實的農民，看起來他們也是最後一批，因為我的同道哲曼、穆爾，還有我本人，我們這群這個國家裡僅存的年曆作者，都是屬於這個階級。雖然在中世紀時，我們這門技藝其實是在大都市裡，甚至是在貴族宮廷裡頭發展出來——看看歷史，從巴比倫的尼布加尼撒王一世時期，到英國的詹姆士一世時代都如此。

但你可能會問，要怎麼能證明第一批占星學家是平民呢？我把這一點當做是歷史無法記載的事實，因為占星術的發明遠早於文字。但我也能從天象來證明：從十二星座的名稱來看，這些名稱大多都與鄉村生活的事物有關，還要計算一年的月分，因此才有曆書的需求。所以，古代的曆法通常是始自春季，太陽出現在牡羊座和金牛座的時期，也就是公羊與公牛，同時也附帶表示了母羊和牝牛，還有牠們在那個季節裡所繁殖的羔羊與牛犢。

雙子座原本是指小孩子，但我們叫他們雙胞胎，因為山羊通常一胎生兩隻而非一隻，而山羊通常比牛犢晚出生。下一個出現的是巨蟹座，大螃蟹表示了當季出現的魚類。接著是獅子座，然後是處女座，獅子與那位少女象徵了夏季和酷暑，因為這些都是最活潑、有活力的動物。

秋天的第一個是天秤座，天秤指出該是時候要衡量銷售夏季的收成了，又或者說是該召開法庭來折磨

自己與鄰人的時間了。我知道有人把這個星座當成是均分晝夜長度的象徵，但是還有其他更準確的徵兆，就像在接下來出現的天蠍座尾巴的那根毒針一樣，顯然指出該是償債的時候了。

接下來是射手座，表示狩獵季要開始了；因為這時候樹木的葉子已經紛紛凋落，比較容易發現獵物，瞄準出手。魔羯座這頭山羊伴隨著短日長夜的冬季而來，表示歡樂笑鬧與聚餐的季節到了；因為除了搖落並將刺山柑剖來吃之外，魔羯座還能表示什麼意思呢？終於輪到水瓶座了，這表示下雪、雨水和洪水的季節到了。最後是雙魚座，指的是魚兒溯溪迴游的時節就要來了：備妥服裝，補好魚網；朋友啊，抓些魚兒來醃一醃，這是搭配老酒的絕妙風味，但你要是捕不到鯡魚，鯖魚的滋味還更棒。

寬厚的讀者，我知道你們一直都很期待著序言，還覺得如果沒有序言就是怠慢了你們。現在有了這篇序言，希望能對您有用處。儘管用途只有一點點，現下還有用途更少的序言。您知道，我已經略過像是對朋友的無理要求這一類的瑣事，不然這年曆就會更厚一本了。不過，您想想，這本曆書還是厚得對得起良心，因為裡頭有著好東西。我也是這麼想，希望填滿每一頁的，都是目前最需要的幫助。

來自為您服務的可愛朋友

R・三德氏

[19] 西方一個學徒期約為七年。

窮理查教你 變有錢人

想要知道錢財的價值，借一些你就知。

If you'd know the Value of Money, go and borrow some.

理智一短少，什麼都想要。

Where Sense is wanting, every thing is wanting.

富裕剛在馬背上坐好，韁繩就放掉，隨即就從鞍上被甩掉。

When Prosperity was well mounted, she let go the Bridle, and soon came tumbling out of the Saddle.

窮理查教你 比別人更成功

別高估自己的小聰明，忘了別人的機警：一個精明人，會輸給一個精明人加半個精明人。

Don't think so much of your own Cunning, as to forget other Mens: A cunning Man is overmatch'd by a cunning Man and a Half.

窮理查說：

「為了年歲和必需品，盡量儲蓄沒關係；朝陽再亮遲早也落西。」（1754）

「經驗是間好學校，但是傻瓜不會再上其他的學校。」（1743）

柳枝軟弱隨風擺，但卻可以捆木柴。
Willows are weak, but they bind the Faggot.

不該做的事卻去做，就會擁有不想要的感受。
He that doth what he should not, shall feel what he would not.

貓兒腳上穿襪套，一隻老鼠也捉不到。
The Cat in Gloves catches no Mice.

勤學的人有學問；仔細的人有財富；英勇的人有力量；有德的人上天堂。
Learning to the Studious; Riches to the Careful; Power to the Bold; Heaven to the Virtuous.

當自己正確無誤，你很可能錯得離譜。
You may sometimes be much in the wrong, in owning your being in the right.

有學問的傻瓜會比沒學問的傻瓜寫出更漂亮的廢話；還是廢話。
The learned Fool writes his Nonsense in better Language than the unlearned; but still 'tis Nonsense.

窮理查教你 受益一生的人際攻略

跟笨朋友太親密，就像帶著剃刀陪你上床去。

To be intimate with a foolish Friend, is like going to bed to a Razor.

誇讚要小，責備要少。

Praise little, dispraise less.

維繫友誼不能靠客氣，更不能缺禮儀。

Friendship cannot live with Ceremony, nor without Civility.

要愛你的鄰居，但是別拆了你的圍籬。[20]

Love your Neighbour; yet don't pull down your Hedge.

當心美酒所釀的醋，當心好好先生所發的怒。

Take heed of the Vinegar of sweet Wine, and the Anger of Good-nature.

[20] 比喻防人之心不可無。

窮理查教你 讀心術

馬兒只想一件事，騎馬的人卻往往別有心思。
The Horse thinks one thing, and he that saddles him another.

小孩子會覺得二十先令與二十年，沒有花完的一天。
A Child thinks 20 Shillings and 20 Years can scarce ever be spent.

沒經歷過厄運的人，會為好運而苦悶。
He that hath no ill Fortune will be troubled with good.

窮理查教你 丟掉壞習慣

第一等蠢事是自以為英明和睿智；第二等蠢事是宣稱如此；第三等蠢事是對所有勸告都鄙視。
The first Degree of Folly, is to conceit one's self wise; the second to profess it; the third to despise Counsel.

偷兒雖小，容易變成大盜。

Little Rogues easily become great Ones.

窮理查教你 思考社會問題

鐘聲會叫大家上教堂，卻從沒提醒佈道會那麼冗長。

The Bell calls others to Church, but itself never minds the Sermon.

糟糕的政府就像河流，最輕的東西全都漂在最上頭。

In Rivers & bad Governments, the lightest Things swim at top.

有人自捫良心服神職，搜刮祭壇卻若無其事。

Some make Conscience of wearing a Hat in the Church, who make none of robbing the Altar.

人在世間要能避免俗事雜項，不是靠信心，而是靠著沒信心。

In the Affairs of this World Men are saved, not by Faith, but by the Want of it.

給人官位沒問題，卻給不了他判斷力。

You may give a Man an Office, but you cannot give him Discretion.

許多國王都犯了和大衛王同樣的罪，卻沒有多少人和他一樣懺悔。

Many Princes sin with David , but few repent with him.

1755 年

可敬的讀者：

常言道，世上半數人，不知另外那半過的是什麼人生。為了讓您長長見識，我在先前的年曆裡提過哈德遜灣的生活方式，還有當地嚴寒氣候的情形，可能對您來說相當奇特，還以為是我在寫小說，但那些都是千真萬確的。

在這本年曆裡，我要介紹您地處炎熱地帶的一個國家，當地的氣候多變（通常我們都會認為非常單調），實在是歎為觀止。這是從法國學者布格先生的日記裡頭摘錄出來的，他奉法國國王之命派往調查赤道以南的地方，解決英國和法國哲學家對於地球形狀的爭論，其他人同時也奉命派往北極圈底下的拉布蘭。那個國家的山丘非常高聳，我們最高的山一與當地相比，簡直就只是鼴鼠丘而已——這份摘要主要就是在那些山林中的記錄。

這份年曆採用的寫法，與我這些年來的寫法完全相同；只是在某些主要恆星名稱底下的第三欄，加上了它們會在當天晚上九點經過天頂的日期，好讓不認得它們的人可以藉此認識它們。

您忠實的朋友與僕人

R・三德氏

窮理查教你 變有錢人

不義之財，是真正的損害。

Bad Gains are truly Losses.

要求與擁有，有時真算是昂貴的買賣。

Ask and have, is sometimes dear buying.

窮理查教你 比別人更成功

智慧之門，永遠不關閉。

The Doors of Wisdom are never shut.

時光短暫，工程浩大，手下懶散，老闆催促，報酬豐厚；快起身工作。

The Day is short, the Work great, the Workmen lazy, the Wages high, the Master urgeth; Up, then, and be doing.

窮理查說：

「靠犁吃飯想興旺，不是持續做，就是拚命幹。」（1747）

「大師的眼睛，比他雙手更辛勤。」（1755）

勤能補拙，懶惰會讓人更笨拙。

Diligence overcomes Difficulties, Sloth makes them.

努力勤勉，上帝賜你一切恩典。

God gives all Things to Industry.

少說，多做。

Speak little, do much.

想想三件事，你從何處來，要往何處去，應該看重誰。

Think of three Things, whence you came, where you are going, and to whom you must account.

大師的眼睛，比他雙手更辛勤。

The Master's Eye will do more Work than both his Hands.

無知還不算可恥，不願意學習才丟臉。

Being ignorant is not so much a Shame, as being unwilling to learn.

嚐到甜頭，記得苦頭。

When you taste Honey, remember Gall.

窮理查教你 受益一生的人際攻略

想要被疼愛，先去愛人，還得惹人愛。

If you would be loved, love and be loveable.

窮理查教你 讀心術

酒後吐真言。

When the Wine enters, out goes the Truth.

兩根乾柴就能燒毀一棵大樹。

Two dry Sticks will burn a green One.

草本植物裡，有好處的多，在人類之中，有品德的少。

Much Virtue in Herbs, little in Men.

窮理查教你 丟掉壞習慣

野狼每年都換毛，但是牠的習性永遠改不了。

The Wolf sheds his Coat once a Year, his Disposition never.

忽略小錯不彌補，隨即變成大錯誤。

Neglect mending a small Fault, and 'twill soon be a great One.

窮理查教你 思考社會問題

只要鬧饑荒，法律沒人管；沒人管法律，饑荒馬上起。

Where there is Hunger, Law is not regarded; and where Law is not regarded, there will be Hunger.

窮困無律師；為什麼？因為沒有錢就沒律師。

Necessity has no Law [21]; Why? Because 'tis not to be had without Money.

窮理查教你 健康自己來

想要旅行四處跑，就該吃得少。

He that would travel much, should eat little.

[21] Necessity has no law原指「必要之事，無法可治」；作者此處利用了necessity與law的雙關意義。

1756
年

可敬的讀者：

除了查詢月分日期、重要日子、月相變化、日出月落時刻、潮汐與天氣的預測，就算我的年曆沒有其他好處，我想還是值得你花錢買一本；因為我每年不斷為您準備這些內容與其他的天文趣事，至今已經將近木星的兩次公轉週期了。

但我希望您的收穫不只有這些；因為為了提升您的心靈與地位，我不斷在各處添進一些道德訓示、智慧格言和行為準則，想要使您得到誠實、莊重、勤奮與節儉的好處；如果能確實採行，您的智慧與財富極有可能已經比買我這本年曆所花的錢多上好幾倍了。

然而，我不會因為您更加有錢就提高售價，為了感激您過去的恩澤，我要讓這本小書更值得您重視，所以在這些改善心靈的內容外，又加進一些關於身體健康的重要資訊。這些內容都是由專業人士所建議，而且成效卓著。伏祈采納，並祝幸福安康。

您忠實的朋友

R・三德氏

窮理查教你 變有錢人

虛榮開得了花，結不了果。

Vain-Glory flowereth, but beareth no Fruit.

當您想買新衣服時，先好好看過舊衣服，看看您是不是真的不能過些年再換，還是洗一洗、甚至必要時縫縫補補就好。記住，外套上的一塊補丁，還有口袋裡的錢，要比背上的刺青更好、更可靠，而且不用花錢去除掉。

When you incline to have new Cloaths, look first well over the old Ones, and see if you cannot shift with them another Year, either by Scouring, Mending, or even Patching if necessary. Remember a Patch on your Coat, and Money in your Pocket, is better and more creditable than a Writ on your Back, and no Money to take it off.

當您想喝蘭姆酒，先在杯中加入半杯水。

When you incline to drink Rum, fill the Glass half with Water.

有一技在身，就有了收益與自尊。

He that has a Trade, has an Office of Profit and Honour.

當您想買瓷器、陶器、印度絲織品，或是其他脆弱的手工藝品；我不會對您太苛刻，要您絕對不能買；我的建議只是要您先放下它（就像放下您的後悔一樣），來年再說；就某些方面來說，這可以避免後悔。

When you incline to buy China Ware, Chinces, India Silks, or any other of their flimsey slight Manufactures; I would not be so hard with you, as to insist on your absolutely resolving against it; all I advise, is, to put it off (as you do your Repentance) till another Year; and this, in some Respects, may prevent an Occasion of Repentance.

如果您目前一天喝兩杯潘趣酒、葡萄酒或茶；今年接下來每天只能喝一杯。假使您現在每天只喝一杯，那就改成每隔一天喝一杯。要是您一週喝一杯，縮減到兩週喝一杯。若您的飲用量沒有隨著減少次數而增加，您在這些項目上的花費就能省下一半。

If you are now a Drinker of Punch, Wine or Tea, twice a Day; for the ensuing Year drink them but once a Day. If you now drink them but once a Day, do it but every other Day. If you do it now but once a Week, reduce the Practice to once a Fortnight. And if you do not exceed in Quantity as you lessen the Times, half your Expence in these Articles will be saved.

趁著懶人還夢酣，下田努力忙深耕；就有豐富的收成，夠你銷售與貯存。

Plough deep, while Sluggards sleep; and you shall have Corn, to sell and to keep.

窮理查說：

「趁著懶人還夢酣，下田努力忙深耕；就有豐富的收成，夠你銷售與貯存。」（1756）

「把握今天好好做，因為不知道明天又有什麼礙著你的事頭。」（1758〈財富之路〉）

誠實的人不受不該他得的金錢與褒揚。
An honest Man will receive neither Money nor Praise, that is not his Due.

懶散走得有夠慢，貧窮隨即就跟上。
Laziness travels so slowly, that Poverty soon overtakes him.

窮理查教你 比別人更成功

勞累來自安逸；麻煩源於懶散。
Trouble springs from Idleness; Toil from Ease.

要愛你的仇敵，因為他們會指出你錯在哪裡。
Love your Enemies, for they tell you your Faults.

從來不曾吃太多，就永遠不會懶惰。
He that never eats too much, will never be lazy.

盡量拿，拿了就緊握；這可是將鉛變黃金的那種石頭。[22]

Get what you can, and what you get, hold; 'tis the Stone that will turn all your Lead into Gold.

就算賺到全世界，失去了自己的靈魂，對人又有什麼好處？

What shall it profit a Man, if he gain the whole World, and lose his own Soul?

智者索求不多，不過得來得正當，行得端莊，花得開心，走得滿意。

A wise Man will desire no more, than what he may get justly, use soberly, distribute chearfully, and leave contentedly.

窮理查教你 受益一生的人際攻略

朋友之間談生意，帳要能算得清，契約要有載明，就能夠維持這友誼。

When a Friend deals with a Friend let the Bargain be clear and well penn'd, that they may continue Friends to the End.

22 指智慧。

請指出我的過失，糾正你自己的錯誤。

Tell me my Faults, and mend your own.

要尊敬所有人；要服務多數人；要熟識少數人；當摯友忠於一人；別樹立敵人。

Be civil to all; serviceable to many; familiar with few; Friend to one; Enemy to none.

虛偽的朋友與陰影，只在光芒耀眼時現形。

A false Friend and a Shadow, attend only while the Sun shines.

先愛人，就被愛。

Love, and be loved.

窮理查教你**讀心術**

明天一到，所有過錯都改掉；只是那個明天，永遠不會來報到。

To-morrow, every Fault is to be amended; but that To-morrow never comes.

言辭和行動，大吵一架各奔西東。

Saying and Doing, have quarrel'd and parted.

窮理查教你 丟掉壞習慣

為知識而驕傲，是盯著光源看到眼睛瞎掉；為品德而驕傲，是拿著解毒劑給自己下毒藥。

To be proud of Knowledge, is to be blind with Light; to be proud of Virtue, is to poison yourself with the Antidote.

窮理查教你 思考社會問題

命運的變化，對智者的傷害不比月相變化來得大[23]。

A Change of Fortune hurts a wise Man no more than a Change of the Moon.

[23] 時與運的變遷都無損於智者。

要是不幸、惡行與戰爭讓你不高興；想想上帝，這能讓你安心。

Does Mischief, Misconduct, & Warrings displease ye; Think there's a Providence, 'twill make ye easy.

太寬鬆的法律，很少人遵行；太嚴苛的法令，很少能執行。

Laws too gentle are seldom obeyed; too severe, seldom executed.

1757
年

可敬的讀者：

我們對於現世的關懷，沒有什麼比健康更重要的事了，而健康又依賴在我們每一刻的呼吸上，所以挑選一個完全適合居住的地點，對每位將要出生的同胞來說，都是馬虎不得的事。而這份考慮尤其不能只考慮生活的舒適，更要考慮生命所必需，這極為仰賴居住環境；因為一個經常患病的家族，幾乎不可能繁榮昌盛。因此，底下摘錄自已故的醫學作家普林苟醫師對這主題的記載，我希望能夠讓我的讀者覺得有用。

我聽說，有些人已經開始採用我去年年曆中建議的牛隻用途了。能為公眾提供一些有用的祕訣，真是我的光榮；所以我要感謝這些時常讓我有機會享受這份光榮的人，不時將他們自己的觀察記錄寄給我，看看是不是能放在年曆裡頭出版，造福大家。

您忠實的朋友

理查・三德氏

窮理查教你 變有錢人

紅布、絲織品和天鵝絨，都能滅了廚房爐火。
Scarlet, Silk and Velvet, have put out the Kitchen Fire.

各行翹楚，都靠練習進步，先有辛勤勞苦，才有將來的舒服。
In each Art Men rise but by Degrees, and Months of Labour lead to Years of Ease.

債務人是債主的奴隸，保人則是雙方的奴隸。
The Borrower is a Slave to the Lender; the Security to both.

實力能帶來事業，事業能帶來財富，財富在你年事高時可以帶來光榮的退休。
Ability will command Business, Business Wealth; and Wealth an easy and honourable Retirement when Age shall require it.

想要知足，就轉頭看看那些財物比你少的人，別看著財物多過你的人。
To be content, look backward on those who possess less than yourself, not forward on those who possess more.

窮理查教你 比別人更成功

有德者此時巍然不動，只有一派平靜輕鬆。

Unmov'd alone the Virtuous now appear, and in their Looks a calm Assurance wear.

憤怒能讓東西溫暖，但卻會燒壞鍋爐。

Anger warms the Invention, but overheats the Oven.

安全的道路，永遠不是受禁錮。

The way to be safe, is never to be secure.

「真誠」的魅力無法擋，再凶猛的敵人都得投降：她並不懂什麼技巧，穿著樸實清白，她的思想純潔，所以一切都坦白：她讓錯誤不再醜惡；少了她，就沒有其他的美德。

Sincerity has such resistless Charms, she oft the fiercest of our Foes disarms: No Art she knows, in native Whiteness dress'd, her Thoughts all pure, and therefore all express'd: She takes from Error its Deformity; and without her all other Virtues die.

窮理查說：

「想要忙裡偷閒，就要善用時間。」（1740）

「一個今天，值得兩個明天。」（1757）

「連一分鐘都沒把握，就更別浪費整個鐘頭。」（1738）

比起不讓一支煙囪熄了火，蓋兩支煙囪要容易得多。
Tis easier to build two Chimneys, than maintain one in Fuel.

想要釣到魚，就要敢拿魚餌當賭注。
He that would catch Fish, must venture his Bait.

文過飾非的痛苦，多過要人自己去彌補。
Men take more pains to mask than mend.

一個今天，值得兩個明天。
One To-day is worth two To-morrows.

要行得正當，要嚴斥誹謗；塵土上得了泥牆，卻不能對大理石有一絲損傷。
Act uprightly, and despise Calumny; Dirt may stick to a Mud Wall, but not to polish'd Marble.

工作要像能夠活一百歲那樣的認真，禱告得像明天就要死了那樣的虔誠。
Work as if you were to live 100 Years, Pray as if you were to die To-morrow.

舌頭說錯話，臉頰吃耳光。
The Tongue offends, and the Ears get the Cuffing.

善良的閃亮根源！快快降臨我的身邊，看守我的內心，注意我的語言。
Bright Source of Goodness! to my Aid descend, Watch o'er my Heart, and all my Words attend.

窮理查教你 受益一生的人際攻略

聰明往往反被聰明誤：玩笑並不總能被一笑置之，恍若無物。
Excess of Wit may oftentimes beguile: Jests are not always pardon'd—by a Smile.

他人妻，不可戲，他人錢財不可欺。
Dally not with other Folks Women or Money.

再怎麼樂善好施，也不會降低生活品質。
Great-Alms-giving, lessens no Man's Living.

沒有什麼會比眼淚乾得快。
Nothing dries sooner than a Tear.

窮理查教你 讀心術

許多人的嘴，證明了他們自己多麼沒有智慧。
Many a Man's own Tongue gives Evidence against his Understanding.

退休不能保證有品德；棟樑在城裡雖然正直又挺拔，丟進山野腐朽又醜惡。
Retirement does not always secure Virtue; Lot was upright in the City, wicked in the Mountain.

要傻瓜閉嘴很粗野，讓傻瓜講話很殘酷。
It is Ill-Manners to silence a Fool, and Cruelty to let him go on.

牛頭犬性情雖溫和，被牠咬住可沒輒。
Tho' the Mastiff be gentle, yet bite him not by the Lip.

窮理查教你 思考社會問題

想要在宮廷裡頭起身，必先開始奉承。

He that would rise at Court, must begin by Creeping.

宗教的驚人美貌，就像某個貴族家裡的憂苦遺孀。正直的理智要我們敬重她，不要用不當的玩笑玷污她的聲望。日常生活這樣想就沒錯，只有蠢蛋才會喜於低俗毀謗：別輕忽這警訓，好好實行；想要附庸風雅，不必褻瀆神明。

Like some grave Matron of a noble Line, with awful Beauty does Religion shine. Just Sense should teach us to revere the Dame, nor, by imprudent Jests, to spot her Fame. In common Life you'll own this Reas'ning right, that none but Fools in gross Abuse delight: Then use it here—nor think the Caution vain; to be polite, Men need not be profane.

舉世獨清，會讓許多人傷心：那些樂於相信大眾意見的心靈。

Singularity in the right, hath ruined many: Happy those who are convinced of the general Opinion.

羞恥心和胃灼痛，都是上個時代的病症；現在這時代，看來都已經痊癒無礙。

Shame and the Dry-belly-ach were Diseases of the last Age; this seems to be cured of them.

王冠再好，治不了頭疼發燒。

The royal Crown cures not the Head-ach.

即使其他罪過都已經垂垂老矣，貪婪還充滿了青春的活力，讓人在聖誕時節還貪無止期。

When other Sins grow old by Time, then Avarice is in its prime, yet feed the Poor at Christmas time.

1758
&
財富之路

可敬的讀者：

我聽說，對於一名作家來說，沒有什麼樂趣能比發現自己的作品受到其他飽學之士所引用來得更大了。我很難得享受到這等樂趣，因為（容我大言不慚）儘管我是這四分之一世紀中最傑出的年曆作家，不知道出於什麼樣的理由，其他的同行作家卻都很吝於來掌聲，所以幾乎沒有其他作家注意到我，使我的作品並未帶給我實質收益，而乏人讚賞卻經常消磨我的志氣。

所以我歸納出，人們才是我能力的最佳裁判，因為他們會買我的著作；而且，在我徬徨無依，還未廣為人知的時候，就經常聽到有人這樣講：「就像窮理查說的一樣……」這給我極大的安慰，因為這不只證明我的說法被重視，還證明了對我身為作者的看重。為了激勵我自己記得重複那些睿智的話語，我偶爾也非常慎重地引用我自己的語句。

所以您能看出，我對於要向您說的這件事會有多感激。

我最近去了聚集著一大群人的貨物拍賣場，由於拍賣的時刻還沒到，人們正討論著時局有多差，其中有一個人叫住了一位乾淨體面的白髮老頭，「唉呦，亞伯拉罕老爹，您覺得眼下這時局怎麼樣？抽這麼高的稅，是不是要把整個國家都給毀了？咱們又怎麼繳得起這稅金？您說說咱們該怎麼辦吧？」

亞伯拉罕老爹站了起來，回答道：「若你們要聽俺的勸，俺就簡單講講，因為就像窮理查說的一樣，對聰明的人只要講半句話就夠了，話再多也裝不滿籮筐。」

其他人圍了過來，拱著他，要他暢所欲言，他接著說：

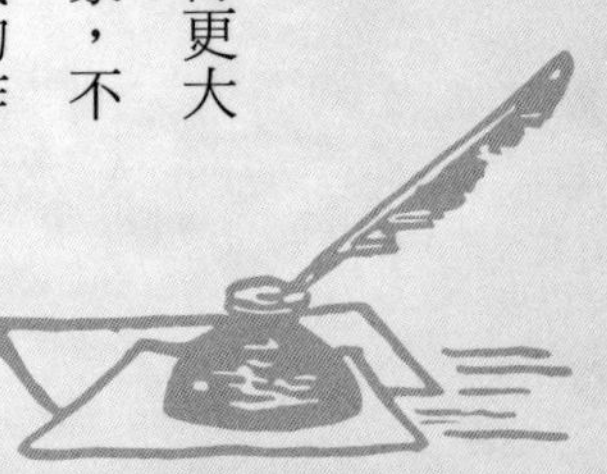

「各位親朋好友，這稅的確抽得很重，要是政府公佈的那些是咱們唯一要付的錢，咱們可以很容易就付清了；但咱們還有許多東西得償清，而且咱們之中有些人還更重要得多。咱們要為自己的懶散付出兩倍，為自己的驕傲付出三倍，為自己的愚蠢付出四倍，而這些稅並不是牧師說赦免就能輕易解除的。不過，咱們可以聽聽好建議，可能對咱們有好處；就像窮理查在他一七三六年的年曆裡頭說的，『天助自助者。』

政府要是強徵人民花十分之一的時間為政府做事，咱們都會覺得真是太苛刻了，但是懶散卻會占了咱們更多的時間，要是算算花在徹底怠惰，啥都不做的時間，還有花在無謂的事情或消遣上頭的時間，東扣西減，就沒剩多少了。怠惰會使人生病，所以絕對會讓人短命。就像窮理查說的，『懶惰就像鐵鏽，比勞動耗損得更多；鑰匙若常用，光亮不生鏽。』

窮理查也說：『你若愛惜性命，不要浪費光陰；點滴的光陰，累積成生命。』咱們花在睡覺的時間比咱們需要的多太多啦！都忘了窮理查說過『睡著的狐狸抓不著雞』，又說『墳裡頭有得你睡』。要是光陰是最寶貴的東西，那麼浪費光陰，就像窮理查說的一樣，『是最奢侈的揮霍』，因為他在別處說過，『時光一去不復回』；還說『時間夠多，就證明真的夠小』。咱們該起而行，有目的而行；勤奮才能減少糾結，就像窮理查所說的，『怠惰讓事情困難，勤奮使事情簡單；人若起得晚，整天都匆忙，盡量別把工作留到晚上。』懶散走得有夠慢，貧困隨即就追上，就像俺在窮理查年曆中讀到的一樣，他還這樣說，『管好你的生意，別讓生意駕馭你』、『早睡又早起，讓你聰明、健康又富裕』。

窮理查說：

「勤奮不必靠希望，靠希望過活，餓死在街頭。」
（1758〈財富之路〉）

「不勞無獲！雙手啊，爭個氣，因為我沒有土地。」（1745）

所以何必要期盼時局變好？如果俺努力些，就能讓時局變好了，就像窮理查說的，『勤奮不必靠希望，靠希望過活，餓死在街頭。』『沒有付出，就沒有收穫！雙手啊，爭個氣，因為我沒有土地。』不過要是俺有土地，就得被課重稅了。

還有啊，窮理查也同樣說了，『有一技在身，就有地位身分，有一份事業，就有收入和尊嚴。』但是這一技之長，一定得要發揮，這份事業一定要發展，不然既沒有地位，也沒有收入讓咱們繳得起稅。如果咱們夠勤奮，就絕不會捱餓；因為就像窮理查說的，『勤奮人家的廳堂，飢餓只能偷觀望，不敢進門來閒晃。』收稅員和警察也不會進門來，因為窮理查說：『勤奮能償債，絕望只會債滾債。』

儘管你沒有發現寶藏，也沒有親戚留給你龐大遺產，但就像窮理查說的，『勤勉是幸運之母。』『努力勤勉，上帝就賜你一切恩典』窮理查也說：

『趁著懶人還夢酣，下田努力忙深耕，就有豐富的收成，夠你銷售與貯存。』把握今天好好做，因為不知道明天又有什麼礙著你的事頭，這也就是為什麼窮理查說『一個今天值得兩個明天』，又說『什麼事情明天該做，今日就先做』。你要是個僕人，被主人發現你在偷懶，難道不會感到丟臉嗎？所以你就該是你自己的主人，因為窮理查說：『發現自己在偷懶，你得自慚。』既然為自己、為家人、為國家、為國王有那麼多事情得做，最好天才剛亮就開始動手；別讓太陽低頭說，這裡躺個懶惰蟲。親手拿起工具做事，別忘了窮理查說過，『貓兒穿襪套，老鼠捉不到。』

要做的事可能真的太多，你也可能手無縛雞之力，但是持續努力終究能有好成績，因為滴水能穿石，『勤勉有耐心，老鼠咬斷粗鋼筋。』就像窮理查在咱忘了是哪一年的年曆裡頭說的，『只要工夫深，小刀銼斷老樹根。』

俺好像聽到你們有人說，人難道就不能享受享

窮理查說：

「親手拿起工具做事，貓兒穿襪套，老鼠捉不到。」（1758〈財富之路〉）

「滴水能穿石，老鼠咬斷粗鋼筋。」（1758〈財富之路〉）

Benjamin Franklin

受？俺告訴你，老弟，窮理查說了，『想要有閒暇享受，時間就得好好利用。』他還說，『連一分鐘都沒把握，千萬別放過一個鐘頭。』

休閒享受，就是利用時間做點有用的事；這是勤快人物的享受，懶漢還沒這福分呢！所以窮理查說了，『閒暇生活和懶散生活是兩回事。』難道你能想像懶惰居然能比勤勞給你帶來更多舒服的享受？不會的，因為就像窮理查說的，『勞累來自安逸，麻煩源於懶散。』四體若不勤，只能靠他們的小聰明，但是他們可沒真材實料來經營。不過，勤奮倒是能帶來享受、財富和尊敬；遠離享樂，它們就會追著你。『好的紡紗工，輪班時間長』、『我今有牛又有羊，大伙兒都說我此後運道旺』，窮理查說的這些真是對極了！

但是講勤奮以外，同樣還得堅持、努力、細心，好好用咱的眼睛看管咱家自個兒的事情，不要太相信其他人；因為窮理查這樣說過：

從來不曾親眼目睹，
經常移植的樹木，或是經常搬遷的家族，
能繁衍得像定居者一樣富庶。

同樣，『搬家三次，糟得像是失火一次。』還有，『管好你生意，你的生意就能養活你。』還有，『想把事情完成就動手，不想完成就送走。』再來：

莊稼人想豐收，自己就得拉犁走。

還有，『大師的眼睛，比他雙手更辛勤』；『欠缺關懷的危害大過無知造成的傷害』；此外，『不去監督手下勞工，就是拿你的錢包給他們打秋風』。太過信賴其他人的細心，反而害了許多人，因為就像在年曆裡頭說的，『人在世間要能免除俗事雜項，不是靠信心，而是靠著沒信心』；但是個人自己的細心倒是有利可圖，因為窮迪克這樣說：『勤學的人有學問，仔細的人有財富，英勇的人有力量，有德的人上天堂。』又說，『你要想有像你一樣的好奴僕，那就為你自己服務。』

此外，他也建議，即使是對再小的事情也得謹慎小心，因為有時一失足成千古恨。再加上『少了釘子，馬蹄鐵就掉了；少了馬蹄鐵，馬兒就輸了；少了馬兒，騎士就迷路了』，要是被敵人打倒，給敵人殺了，都得算在沒注意到馬蹄鐵上那根釘子頭上。

老弟們哪，對於勤勉和注意自己的事的建議就有這麼多，但還得要再加上節儉這一條，才能讓勤勉更保證成功。要是一個人不知道怎麼保存他的所得，就是拉著自己的人生去推石磨，最後死得連頭羊都不值，就像窮理查說的，『廚房太大間，意志最不堅。』

而且——

入不敷出好常見，

因為女人寧可泡茶閒聊天，不願動動針黹好賺錢，
男人為了酒中仙，不願披荊斬棘去墾田。

你要想有錢，他在另一本年曆裡頭說啦：『多想著省錢，別顧著賺錢：印度也沒讓西班牙致富，因為她的收入還不夠她的支出。』所以趕緊遠離你那些花大錢的蠢事，就不會有這麼多閒工夫抱怨時局不好啦、稅賦重啦、一家老小嗷嗷待哺啦！因為就像窮迪克說的：

美色與美酒，賭博與詐欺，
會讓財富貶低，慾望無底。

而且啊，『一個惡習不除掉，馬上兩個來報到。』你也許會想，偶爾來點茶、喝杯酒、吃點昂貴的，穿點漂亮的，三不五時找點樂子，這並不是什麼大不了的事！但是，記著窮理查說的話——『積少成多』啊！而且還要『留心小開銷，再大的船也可能因為小小的裂縫就沉掉』；又說，『挑剔的人愛什麼，問問乞丐最知道。』還有，『傻子做菜忙，卻讓智者吃得香。』

你們大伙兒都到了這個服裝飾品的拍賣場來。你可以說那些是好東西，但是你要是不小心，很可能對你來說就會是壞東西了。你們會想要這東西賣得便宜，甚至比成本還低，但你

要是沒有穿上這些東西的機會，它們就都賣得太貴。記得窮理查的話，『買了你不需要的東西，持續賣掉你的生活所需。』還有，『重要時刻，要能自我克制。』他意思是說，這樁便宜可能只是外表看起來便宜，實際上不是那麼回事；否則成交之後，就只能讓你勒緊褲帶，對你無益有害。因為在另外一個地方他提到了，『許多人因為買了便宜的好東西而從此受害無比。』

窮理查又指出，花錢買了令人後悔的東西，真是傻兮兮，但是這種蠢事在拍賣場裡天天上演，因為人們都沒注意到年曆裡的提醒。就像窮理查說的，智者從他人受的傷害中學習，傻子卻很少從自己受的傷害中得到教訓。但是呢，『能從別人的危險中學到得到警告，真是有福報。』很多人哪，為了想要打扮得漂漂亮亮，只能活活餓死，還讓一家大小吃不飽；就像窮理查說的，『絲織品和緞子、紅布和天絲絨，都能滅廚房爐火。』這些不是生活必需品，也很少能叫它們便利品，但是光只是因為它們看起來漂亮，就不知道讓多少人想要擁有這些東西。

人工所造成的需求，比天生的還要更多，就像窮理查說的，『一個窮字百樣缺。』為了這些，還有其他的奢侈品，上流名門也會變得窮困，被迫要向他們從前瞧不起，但卻勤奮節儉、努力掙錢的人來借錢。這種情況根本就像窮理查說的一樣，『農夫站得直挺挺，高過貴族屈膝伏地。』或許他們有著祖傳的一塊小土地，或者根本不知道來自哪裡；但他們想著太陽永遠不下山，白日不會變黑暗，所以那麼一點小小花費，根本不值得在意（就像窮理查說的，小孩子和傻子會以為二十先令和二十年，沒有花完的一天）。但是一直從餐盤裡頭拿取，又不放進去，很快就見底；所以就像窮迪克說的，『當水井乾涸，我們才知水的價值究竟有幾何。』可是他們要是接受他的建議，老早就曉得這件事了；想要知道錢的價值，去借點錢試試，因為去借錢就是去傷心，而確實要是有人借錢給這種人，當他去找他們的時候就是去收錢。窮迪克老爹建議說：

愛慕虛榮的確是種空虛的詛咒；
你要是迷戀任何風潮，
最好先看看你的荷包。

而且，驕傲和欠缺同樣是乞丐，但是要錢要得更厲害。你要是買了一件好東西，就得再多買十件，才能讓你有整套的外貌；但是窮迪克說了，『克制最初的慾望還不算難，滿足隨之而來的其他慾望才難辦。』所以窮人想要學有錢人，真是蠢事一樁，好比是青蛙吸口氣，就以為自己跟牛一樣肥了。

豪門儘管去遨遊；
小舟得要緊貼岸邊泅。

不過，犯蠢事很快就會得到教訓；因為就像窮理查說的，『驕傲要果腹，吃的就是輕蔑與虛榮。』在其他地方又說，『驕傲與富裕一起吃早餐，和貧困一同吃午飯，最後只剩聲名狼藉陪著吃晚餐。』畢竟，冒著這麼大風險忍受這麼多折磨，外表的驕傲到底有啥用？不能促進健康或減輕痛苦，又不會讓人增加美德，反而製造嫉妒，帶來不幸。就像窮理查說的：

蝴蝶是什麼？頂多是隻毛蟲打扮過。
裝扮俗麗的公子哥兒，與他的畫像正符合。

真的是瘋了，才會為了這些奢侈品躲債！我們在這個拍賣場裡，有六個月的保固期，這可能吸引了我們之中某些人的注意，因為我們沒法兒拽著錢不用，想要馬上就花光。但是啊，想想看你躲債時做了什麼——你是讓其他人的權力壓過了你的自由。如果你不按時付錢，就會愧對你的債主；你對他講話的時候就會感到害怕；你會編一些可憐兮兮的爛理由，最後丟掉你的誠信，沉淪到無恥謊話說不停——因為就像窮理查說的，『撒謊堪稱第二壞，最糟糕的是躲債。』還有，『債務的身上，背負著「撒謊」』。可是生而自由的英國人，不應在見到人或和人說話時感到害羞或害怕。

窮困往往會剝奪人的精神和美德：窮理查說得好，空布袋很難站得起來。你對下令禁止你打扮得像個紳士或淑女，不然就囚禁起來或是做奴隸的國王或政府會有什麼感想？你難道不會說你生而自由，有權照你高興打扮，這道法令侵害了你的權利，這樣的政府是個暴虐的政體？但是你要是為了這些衣服躲債，你就是讓自己成為那樣的暴君！要是你還不起錢，你的債主可以隨他高興，剝奪你的自由，使你終生受限，不然就是把你賣了當奴隸！你要是標到了商品，你或許對這筆錢沒有多想；但是窮理查告訴我們，債主的記憶力比債務人高明；在別的地方又說，『債主是迷信的一群人，凡是都要挑日子看時辰。』還債的日子在你注意之前就已經逼近了，在你能夠還債之前，債主就來提醒了。

你要是記著你的債務，那期限雖然乍看起來是很長，可是一開始減少，卻是短得不得了。到時候看來時間不只在肩膀上有翅膀，腳跟也加了一雙。窮理查說過，『想要縮短四旬齋，復活節時催還債（在四旬齋期間借錢準備復活節，復活節一到就會被催還款）。』而既然向人借錢是當出借人的奴隸，債務人是債權人的奴隸——就跟窮理查他說的一樣，快避開枷鎖，維護你的自由；才能維持你的獨立：勤奮、節儉、有自由，你們現在也許會覺得自己處在富裕的環境，所以可以稍微浪費一點沒關係；但是就像窮理查說的：

為了年歲和必需品，盡量儲蓄沒關係；

朝陽再亮遲早也落西。

收入可能短暫又不穩定，但是只要你還活著，支出就很固定了；就像窮理查說的，『比

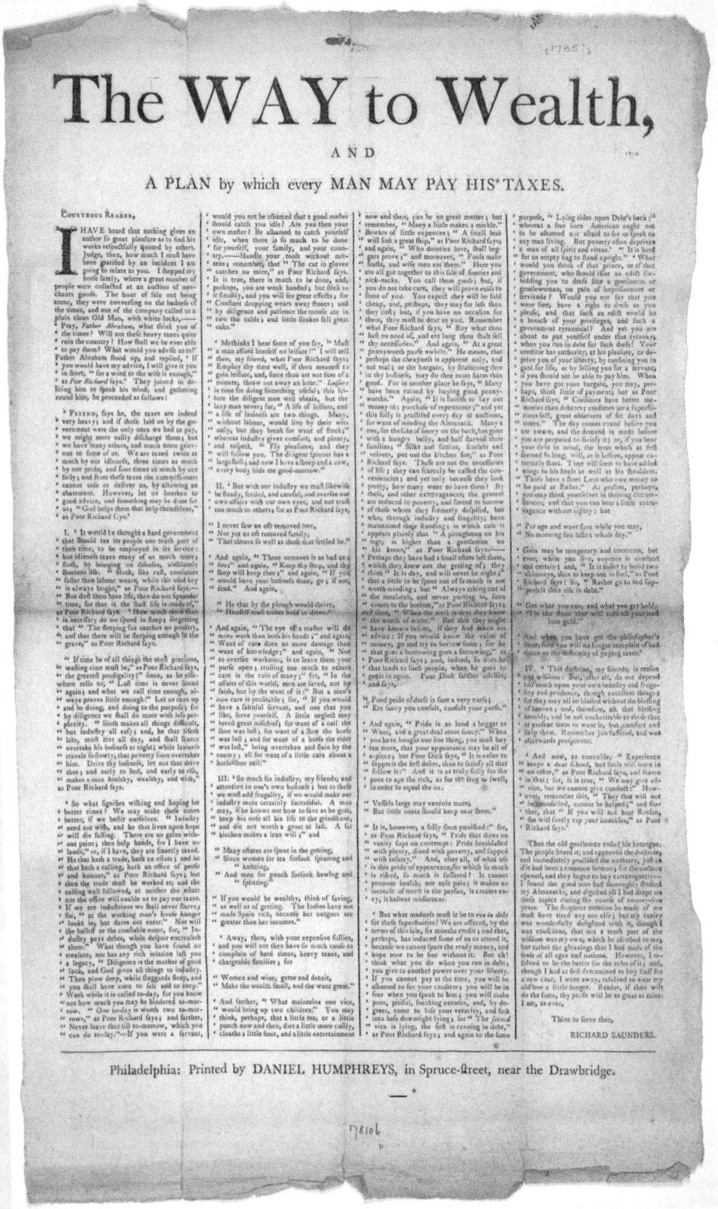

The WAY to Wealth,

AND

A PLAN by which every MAN MAY PAY HIS TAXES.

Philadelphia: Printed by DANIEL HUMPHREYS, in Spruce-street, near the Drawbridge.

〈致富之路〉。

起不讓一支煙囪熄了火，蓋兩支煙囪要容易得多。』所以寧可沒吃晚飯就上床，也不要為了躲債滾下床。就像窮理查說的：

盡量拿，拿了就緊握；這可是將鉛變黃金的那種石頭。

你有了賢者之石，就不要再抱怨時局不好，還是什麼稅賦太高。老弟們啊，這就是理性與智慧的教訓哪，但是你也不要太依賴自己的努力、節儉跟明智，因為儘管這些是好東西，但是沒有上天的保佑，這些都會枯萎；所以要謙卑地祈求老天保佑，不要刻薄地對待沒有這福氣的人，反而要安慰、幫助他們。要記得約伯也曾經受苦，之後才又興旺富足。

現在來做個總結吧，『經驗是間好學校，但是傻瓜不會再上其他的學校』，而且很少在學校；因為我們真的就像窮理查說的那樣，『只能夠提供建議，卻不能給人品行。』不過呢，記住一點，窮理查說過，『聽不進建議，沒人能幫你。』況且如果你不聽理性的忠告，她就踹你膝蓋骨。」

那位老紳士就這樣結束他的精彩演說。當場的人聽了，也都贊同這番道理，可是馬上就做出相反的事情，就像這只是場一般的講道而已；因為拍賣一開始，他們就又開始大買特買，不管那老人的告誡，還有他們自已對稅賦的恐懼。我想那位老人徹底研究過我的年曆，消化了我散佈在這二十五年時間裡的各項主

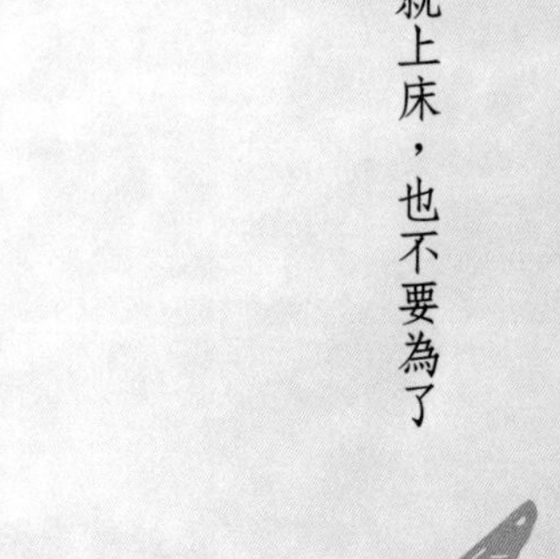

題。他對我的頻頻指名，一定刺激到其他人，但是我的虛榮卻對此感到極端高興，雖然我自覺到我的智慧並不到他對我誇讚的十分之一，只是從各朝各代、各國各地中，拾人牙慧而已。

不過，我決定要變得更好，才能對這份誇讚有所回報，儘管原本打算買件新外套，我決定馬上回頭，再多穿穿我的舊外套。讀者們，如果您也這麼做，收穫就會同我一樣多。

如同以往，我是為您服務的

理查・三德氏，一七五七年，七月七日

窮理查教你 變有錢人

知足才是賢者之石的名，因為它能點石成金。

Content is the Philosopher's Stone, that turns all it touches into Gold.

窮理查教你 比別人更成功

傻瓜什麼建議都需要，但智者只要其中好的那幾條。

Fools need Advice most, but wise Men only are the better for it.

有關公眾事務的第一個錯誤，就是盲目進入。

The first Mistake in publick Business, is the going into it.

要靠信仰來看見，得先閉上理性之眼：吹熄蠟燭，才更覺得白晝光輝耀眼。

The Way to see by Faith , is to shut the Eye of Reason : The Morning Daylight appears plainer when you put out your Candle.

沉默並非總是智慧的標記，絮叨卻永遠都是愚蠢的象徵。
Silence is not always a Sign of Wisdom, but Babbling is ever a Mark of Folly.

肚子飽了，腦子就鈍了：繆思女神還在廚子那裡挨餓。
A full Belly makes a dull Brain: The Muses starve in a Cook's Shop.

你可能會延遲，然而時間卻不會如此。
You may delay, but Time will not.

驕傲上了馬車，羞恥跟著上車。
Pride gets into the Coach, and Shame mounts behind.

你要是鐵砧，站穩你腳跟；你要是鐵鎚，盡量用力捶。
When you're an Anvil, hold you still; when you're a Hammer, strike your Fill.

浪費光陰不只讓外在窮困，也會使心靈貧瘠。
Prodigality of Time, produces Poverty of Mind as well as of Estate.

善心就像風，哪裡傾斜就往哪裡吹送。

Good-Will , like the Wind, floweth where it listeth.

美德不一定能讓長相好看，惡行卻一定會讓面目難看。

Virtue may not always make a Face handsome, but Vice will certainly make it ugly.

窮理查教你 **受益一生的人際攻略**

過度的恭敬，往往會掩蓋最棒的德行。

Great Modesty often hides great Merit.

窮理查教你 **讀心術**

只有一半的真話，經常是最佳的謊話。

Half the Truth is often a great Lie.

蜜雖甜，蜂刺卻尖。

The Honey is sweet, but the Bee has a Sting.

人們常誤會自己，卻很少忘了自己。

Men often mistake themselves, seldom forget themselves.

知足的人，什麼都夠；抱怨的人，卻嫌太多。

He that's content, hath enough; He that complains, has too much.

窮理查教你 思考社會問題

當壞蛋彼此背叛，沒有一個該埋怨，另外那個也不該可憐。

When Knaves betray each other, one can scarce be blamed, or the other pitied.

傲慢的現代教育瞧不起古代學問：嘲笑老師的是他們的學生。

Proud Modern Learning despises the antient: School-men are now laught at by School-boys.

在腐敗的時代，為世界安排秩序反而會帶來混淆——管你自己就好。

In a corrupt Age, the putting the World in order would breed Confusion; then e'en mind your own Business.

要信實地服務公眾，又要完全取悅大眾，兩者不能相容。

To serve the Publick faithfully, and at the same time please it entirely, is impracticable.

附錄

近300年窮理查格言最完整收錄

1733.

▼沒有女人與火光的家庭，就像身體沒了魂魄少了心。

▼除非有幢房子和爐火，否則千萬不要討老婆。

▼失去賢內助，就好比搞丟上帝的禮物。

▼想活久一點，吃得少一點。

▼吃藥多沒效，良醫最知道。

▼起司、鹹豬肉，儘量要少碰。

▼嘴要保持濕潤，腳要保持乾燥。

▼入不敷出好常見，都因為女人寧可泡茶閒聊天，不願動動針黹好賺錢。

▼國王跟熊總是惹人麻煩。

▼荷包一輕，心裡添重擔。

▼人走了，啥事都撒手，只記得跟債主道再見。

▼餓漢哪知什麼叫做臭麵包。

▼要愛缺義氣，要義沒權力，有權沒志氣，立志欠努力，努力沒收益，獲利少德性，全都是個屁。

▼為富不仁者，好比肥山豬，你要他付出，除非進棺木。

▼偉人命雖好，可惜子孫傳不到。

▼傻子做菜忙，卻讓智者吃得香。

▼窮人有點錢，乞丐啥都欠；富人賺到飽，貪婪仍無厭。

▼有錢不可恥也不尊貴。

▼痛飲眨眼三百杯，掏錢卻要找三天。

▼何時可以稱「荒年」？餓狼撲虎流饞涎。

▼老馬受馴尚能騎，老婆說教念不停，老師只會照著課本上頭怎麼說就怎麼行。

▼生前就將所有財產給兒子，一毛也不留；噢，蠢老頭！那好比脫光身子才上床。

▼要說比傻勁，醉漢第一名。

▼留遺產給醫生的是笨蛋。

▼上帝時時行奇蹟；看哪！有一個誠實的律師在這裡！

▼若是缺糧食，啥都可賣錢（換東西吃）。

▼姑息壞胚子，結果反咬你一口；讓他吃苦頭，馬上乖得像條狗。

▼當心年輕醫生開的藥，還要小心老理髮師的刮鬍刀。

▼女人、訪客、下雨天，只要三天，就會讓人打心裡生厭。

▼宴席擺設都齊全，廚子搔頭歇一邊。

▼曠世天才自己的王國裡住，好比金礦藏深處。

▼他把鞋子給丟了，幸虧，馬刺還留著。

▼那個傻子發誓言，我猜他是說不讓炭火熄了直冒煙。

▼某人有匹馬，勉強剩一眼，硬要換匹馬，全都看不見。

▼廚房太大間，意志最不堅。

▼傻子心眼在嘴上，智者之言靠交心。

▼真金不怕火來煉，考驗美女靠金鍊；考驗男人得靠女人念。

▼人心隔肚皮，西瓜再甜還是隔了一層西瓜皮。

▼牆壁門窗，傻子看來就像紙。

▼別吝惜牧師的酒，別浪費廚子的布丁。

▼和狗一起躺下來，起來時跳蚤就會爬滿了背。

▼小心在意回鍋肉，莫要輕忽宿敵來低頭。

▼三月風，四月雨，才能讓五月更顯得萬人迷。

▼藉酒可以找靈感，最終還得靠水清醒定方案。

▼愈愛唱高調，愈是辦不到。

▼比聰明更精。

▼古代詩人寫得好，時間會將一切都吞盡；只是改朝又換代，現代的人只知狂喝又痛飲。別管，反正假日之後總會清醒。

▼愛之深，責之切。

▼吃是為了活，不要為了吃而活。

▼天下沒有渺小的敵人。

▼想跟壞蛋打交道，名譽、利益都不保。

▼造訪當短，要像冬日晝短，免得你太快就惹人厭煩。

▼做人缺德沒品行，就好比一身破爛。

▼只會縱慾恣荒淫，別想千古留姓名。

▼就讓我尊貴的朋友JG收下我這篇拙劣的有韻詩。亦即——才華洋溢、滿腹經綸、令人妒羨的好青年，直須照此更向前；即便是你的敵人也驕傲，因為你是他們的同胞。

▼清白又無辜，就是最佳的辯護。

▼舌根莫亂嚼，大禍從口出。

▼猜疑為防護之父，謹慎是安全之母。

1734.

▼星象師說得妙，今天時運到，五月春光做愛好。

▼只要有沒愛情的婚姻，就會有沒婚姻的愛情。

▼想摘玫瑰總怕刺，想討個漂亮老婆老是怕戴綠帽子。

▼吃得多，病痛多，藥不少，多沒效。

▼熱的食物、辣的食物、甜的食物和冷的食物都易傷牙齒，搞得牙齒像塊老豆腐。

▼吃什麼，就長什麼。

▼美貌與愚蠢，是形影不離的知己朋友。

▼美酒、佳肴、美女、懶散，都要

有所節制；不然痛風會纏著折磨你到死。

▼啥都抱怨，或是啥都稱讚，都是鄉愿大蠢蛋。

▼不管法官的判決帶來多少痛苦，至少還有一半的人還獲得彌補。

▼笨蛋會讓傻事變得更蠢。

▼要駕馭馬兒，坐穩拉緊繩；要駕馭男人，鬆手且放任。

▼新的真理是真理，舊的過錯還是錯，只是笨蛋不會分。

▼律師、牧師、山雀蛋，老是還沒長好就出頭。

▼碉堡與處女膜，總是開始抵抗就陷落。

▼傑克・李托播種少，收穫自然跟著少。

▼有些人學了太多而發瘋，但沒人學著行善而發瘋。

▼田裡的農民雖純樸，勝過邪惡的王族。

▼山姆的宗教就像切達起司，用的是二十一個教區蒐集來的奶汁。

▼為亡妻哀戚，為惡客憂煩，但只送到門口就不管，我只能說那種妻子不夠讚。

▼符咒雖愚蠢，蠢卻是符咒。

▼先喝一點水，放點錢在口袋中，肚絞痛就讓它留在大碗公。

▼法網恢恢，卻像蜘蛛網只顧抓蒼蠅，任憑大奸大惡溜過大眼睛。

▼怪事要數這一籌，小工輪班討餬口，好命歹命無輪流。

▼有錢人，錢奴才。

▼困境不顧法律；我知道好些律師就身處困境。

▼洋蔥很有用，連寡婦和遺產繼承人都能搞哭。

▼貪婪未曾見幸福，怎將兩者當一路。

▼君子坦蕩蕩，小人常戚戚。

▼娶媳可隨時，嫁女當及時。

▼等運氣來臨，沒一餐有把握。

▼有學問的蠢蛋，蠢過無知的笨蛋。

▼主婦能持家，理財有妙方，就是把錢存在她們碰不到的地方。

▼（語出布姬・三德氏，我家太座，答詠的是去年十二月的詩）有人只顧飲酒，不管營生，每晚流連酒肆直到夜深，睡到日上三竿才起身，全家挨餓，何曾在意一分；上帝垂憐，拯救他這個人。只是可憐他老婆，倒楣萬分才會嫁他過一生。

▼饑荒、疫病與戰爭，還有一個殺人無數、橫取罪人性命的災厄，都是人命的天數；但疫病、戰爭和饑荒，難道還不夠數？懲罰我們的罪過，非得加上老婆精明才算數？

▼路上有屍骸，老鷹就飛來，良法靠得住，人人遷來住。

▼人若儉約，樣樣都便宜，人要奢侈，樣樣買不起。

▼勤奮者知道，天下無難事；怠惰者只知，事事全難事。

▼不拚到死，不會留名青史。

▼快樂就只是一陣風，功成事畢後便不再吹送。

▼亞歷山大的戰馬布歇法洛斯，也能同大帝一般名留青史。

▼別妄想一條狗同時追兩隻兔子。

▼不知名的偉大人物，和最有名的英雄一樣多。

▼不懂聽令，不會號令。

▼富人何需要吝嗇，吝嗇何需當富人。

▼缺德的英雄，不敢面對清白的凡人。

▼懵懂愚者可能成先知；千慮智者可能生差池。

▼今日就有雞蛋吃，勝過捱到明日才有母雞吃。

▼登高必自卑。

▼下雨或下雪，該吃紅番椒，你會這樣想，因為我們都知道。只等時間到。

▼當官守法令，庶民聽官命。

▼拒絕開始。

▼失足好過失言。

▼正義一去，勇氣就虛。

▼誘之以利，勝過說之以理。

▼謹記窮理查的一句話，憤怒行事總會惹笑話。

▼你若想要過得安心，就做你該做的，而不是自己討開心。

▼勿傻，勿精，但要智慧能分明。

▼教子首先教修口，他很快就學會說話。

▼期盼著收穫，就能忍苦痛。

▼想要訪客給笑臉，自己笑臉掛在先，至少看來也要有迎人笑面。

▼崎嶇地面最容易磨破皮，驕傲者最容易受人抨擊。

▼若要敵人不報復，管好自己是正途。

▼做事不要怕太晚，但是也不要衝太快。

▼莫看天色雖然清，大衣帶著隨身行。

▼評人不能只靠一點，要看他種種特質才完全。

▼散播歡樂散播愛，終得愉悅笑開懷。

▼對朋友好，友誼到老；對敵人好，就是贏得他的心。

1735.

▼你說什麼莎爾都笑。何解？她的牙齒白又好。

▼老處女是猿猴的榜樣，老處男都老愛拿猿猴當榜樣。

▼最近，老霍伯在晚上娶了親，他

少的是時日，而他那漂亮的年輕太太，就是白日的光明。

▼早睡又早起，讓你聰明、健康又富裕。

▼糟糕的評論家會搞砸最好的書，所以（他們說）上帝送來的肉都給了惡魔去烹煮。

▼隨時彬彬有禮，其實做作到底。

▼狡猾的人偷馬騎，聰明的人讓他只能靠自己。

▼有人善於知天象，有人就不怎麼樣。

▼窮人奔波求填肚，富人奔波卻是為了騰空肚子裝食物。

▼千里來求親，不是被騙就是騙人精。

▼眼睛與牧師都受不了滑稽事。

▼傻瓜一堂，相當古老。

▼窮人總是沒有划算的買賣。

▼有些聰明腦袋瓜子，也是填不飽肚子。

▼當某某與某某在某某撒了謊，屆時，小姐，無論人家問了你什麼，只管不認帳。

▼要比蜜還甜，只有錢。

▼船隻出航，還有女的大胃王，這兩者是最常見的壯闊景象。

▼國王的起司有一半浪費在把皮給削掉；不過沒關係，削的都是民脂民膏。

▼能磨得閃亮亮，就會鏽個精光。

▼懶惰又沉默，傻人當美德。

▼有學問的傻瓜，我見過十乘十人吧，沒讀書的智者，我見過的有一百個。

▼若要三人能守密，其中兩個得死去。

▼窮困會想要有東西，奢華要的是許多東西，貪婪則要所有東西。

▼人如果荒謬可笑，不是源自於他的天生特質，是他學來的習性才導致。

▼提姆在外面，吃得節制，重視節食，但私底下，放縱貪食。

▼只要傻事能討好，傻子就更會耍寶。

▼詩人說，靈感來時跳起來，頭就會撞到門牌。

▼演說家來了！看他一直滔滔不絕，理智欠缺。

▼謊言只靠獨腳撐，實話兩腳站得穩。

▼報復字母雖少數，字詞卻常引報復。

▼大多數人稱讚的，他們就鄙棄如糞土，「因為這樣看來，人類才有在進步。」

▼勤勉有耐心，老鼠咬斷粗鋼筋。

▼偉人能謙卑，尊崇變兩倍。

▼太陽從來不悔過，也從不要求有報酬。

▼小房子住得好，小田地耕耘好，家裡老婆心地好，才是真富豪。

▼機會是最棒的妓女。

▼向前看，免得落後一大群。

▼隨聲附和者，千萬別信賴。

▼遞酒給聰明人，比他聰明萬分。

▼驕傲若做前鋒，赤貧便當後衛。

▼難題總求審慎解。

▼挑朋友要慢，要比換朋友更慢。

▼疼痛傷身體，享樂傷知性。

▼管好你的店，你的店就會保住你。

▼為了自己，否定自己。

▼承受傷害多，比傷人好過。

▼對上級謙卑是責任，對平輩謙卑是禮貌學問，對弱者謙卑則是高尚人。

▼少年人老成，老來還能保青春。

▼改正一個錯誤，相當於發現兩個錯誤，不過，能夠發現一個錯誤，卻又好過犯下兩個錯誤。

▼為了他人使你失望而生氣？切記你可沒法一切靠自己。

1736.

▼結婚娶妻，小心在意（或「娶妻入戶，有伴相護。」）。

▼借問美國姑娘，為何牙齒爛光光？答案是，吃了太多冷凍蘋果和熱湯。

▼懂得量入為出，就是懂得煉金術。

▼他不是拖犁的農夫，卻老出些膿包。

▼老闆發薪如果很痛快，定是他處拿錢來發派。

▼魚兒三日臭，訪客三日腥。

▼生前靠奢望，死時屁亂放。

▼家中若是沒有蠢蛋、妓女或乞丐，準是雷陣風來投胎。

▼喝出老經驗的醉漢子，多過經驗老道的醫生。

▼此謂「勇夫」！不存在的獅子抓得住，看見老鼠就跑路。

▼瞎子的老婆化濃妝，到底是為什麼？

▼傳道最勤屬螞蟻，口中從不說一語。

▼缺席絕非沒犯錯，出席也總有藉口。

▼臉上化濃妝，心裡亂淫蕩。

▼腐爛蘋果，會污了周遭蘋果。

▼人若出賣信任，失去一堆友人，而且貪錢永不嫌過分。

▼你長梅毒，別人免禍（受難勿怪他人）。

▼戀人、旅人與詩人，都會掏錢說心聲。

▼欠債的總比不上債主記性佳。

▼事先有警告，事先準備好，除非戴綠帽，一雙玉臂千人枕，才得到警告。

▼上帝治病，醫生收費。

▼想要騙光男人錢，三樣法寶最靈驗：馬匹、假髮、老婆拋媚眼。

▼窮蹇、詩篇與新的榮譽頭銜，把人變得荒謬又可憐。

▼瑪麗那張嘴，不必她花費，只要她開口，都是別人要倒楣。

▼很少見到人餓死，吃到撐死的人倒有十萬個。

▼想吃鮮魚要及時，嫁女兒更要及時。

▼上帝若賜福，母狗都能生小豬。

▼後見之明易，先見之明難。

▼爭論時刻，六親不認。

▼敢將棘刺四處撒，就不要赤足走天下。

▼武力強逼，理性就倒地。

▼天下沒有受騙的人，只是有的人會信以為真。

▼送禮得當，能裂解「冰塊」。

▼若有空穴來風往臉送，堅定意志，小心慎重。

▼努力為幸運之母。

▼沒摸清門道，別妄動手腳。

▼莫誇自家酒，莫讚自家馬，莫捧枕邊人。

▼謹慎之人罕開口，八卦當做祕密守。

▼家中女僕要忠實、強壯又樸實。

▼麻布切忌放火邊，孩子切忌遊戲擺面前。

▼不窺視他人信件、不竊取他人財物、不探聽他人祕密。

▼錙銖必較顧自身，更是顧及其他人。

▼有恆者，事竟成。

▼我今有牛又有羊，大伙兒都說我此後運道旺。

▼天助自助者。

▼想要良妻和良田，全靠丈夫自身賢。

▼日子過得安穩，就有足夠學問。

▼嗜欲若多，再多東西都嫌少。

▼動筆前先收錢，付錢前先動筆。

▼想要一生平安順遂，就別把一切所知都拿來說嘴，也別把一切所見都當絕對。

▼家中窗戶若是玻璃做，就不要向鄰戶砸石頭。

▼豬要肥美，人要德美。

▼財富不在累積多，真能享受才快活。

▼說的愈多，錯愈多。

▼羨慕是無知之子。

1737.

▼夾在兩名律師中間的鄉下人，就好比魚兒放在兩隻貓中間（沒得翻身）。

▼寶座頂天的君王，最該坐在他自己的屁股上。

▼奪取老人晚餐，啥錯都沒犯（老人腸胃功能下降，要少吃）。

▼吝嗇鬼的起司最有益健康。

▼有福的人，諸般等等。

▼好多交易實在太可笑，雖然買家自己不知道；看看某甲的馬兒和某乙的房子，到底有多好。

▼可憐的迪克，吃起飯來像仕紳，喝起酒來像病人。

▼愛戀、咳嗽和香菸，都沒辦法藏著不讓人發現。

▼好布料、女孩和黃金，全都亮晶晶，別只靠燭火就想挑得清。

▼一名旅人必須要有三項寶貝：野豬一般的鼻子、野鹿一般的腿，還有驢子一般的鐵背。

▼好律師，壞鄰居。

▼底下三者，無疑都是同一種人，牧師、律師和死神：死神帶走弱小的人，也帶走強壯的人；律師不論是與非，都照樣收費；牧師不管生或死，都得拿錢才能夠要他辦事。

▼最差勁的車輪叫得最大聲。

▼別對你的醫生與律師亂說話。

▼若將祕密對人講，你的自由就賣光。

▼想有個順心的僕役，那就凡事靠自己。

▼想討過溫婉的老婆，看她怎麼過星期六。

▼債主是迷信的一群人，凡事都要挑日子看時辰。

▼歷經苦難和損失，會使人變得謙卑睿智。

▼從來不曾親眼目睹，經常移植的樹木或經常搬遷的家族，能繁衍得像定居者一樣富庶。

▼一日三大餐，生活準完蛋。

▼同時追趕兩匹馬，這匹跟丟那匹落。

▼別不舒服就看醫師，別起口角就找律師，別口一渴就找瓶子。

▼愛情與權力，最受不了別人來共享。

▼寧可死時找仇敵，別在生前欠人情。

▼沒有醜陋的愛情，也沒有美麗的監獄。

▼攻取城池的人夠厲害，能夠休息的人更偉大。

▼對一個吝嗇鬼說他有錢，對一個女人說她上了年紀，你既拿不到一毛錢，也見不到好脾氣。

給可能致富者的提醒

▼用錢有術才是有錢的所有好處。

▼為人誠實又精打細算，一年雖只賺六英鎊，用處如同一百英鎊。

▼天天都花上四便士，一年花掉超過六英鎊，代價相當一百英鎊。

▼天天浪費賺取四便士的時間，等於日復一日浪費了每天利用一百英鎊的特權。虛度賺取五先令的光陰，白白失去五先令，更像是把錢丟到水裡般「精明」。丟掉

五先令，不只失去小數目，更沒了拿錢交易的好處，累積到老，可就少了一大筆錢可舒服。

▼賣貨講信用，不會亂抬價，等於賺到他好像損失的本金與盈利：也就是——買家挑信用，為貨付盈利。

▼付錢若樂意，用錢就積極：所以才會說，買下貨品者，為貨付盈利。所以要謹慎考慮，當你想買非必需的家用品，或者任何不實用的物品，是否願意當你在世時付那筆利息錢，還有利息錢的利息錢；更甭提物品折損後要花的錢。不過，買貨之時，掏錢最好要痛快，因為講信用的賣家，會預期有百分之五的壞帳；所以他會在貨品的標籤上，將預期的損失先加上。挑信用的買家，就得支付這筆帳。掏錢若痛快，或許就能免掉這筆帳。

▼省一分錢，就是賺兩分錢，每天省個一毛錢，一年就賺四塊錢。有省就有得。積少可以成多。

▼要成人中豪傑，就靠意志堅決。

▼獲得榮耀的捷徑，就是做事靠良心。

▼能安身立命，比能寫書更聰明。

▼良言不如善行。

▼能徒步千里，養得出好馬。

▼人際關係最極致，是朋友明智而信實。

▼勤奮工作人家的廳堂，飢餓只能偷偷觀望，不敢進門來閒晃。

▼把信寫好等郵差，別讓郵差苦等待。

▼世上最尊貴的問題，就是：「我這麼做能成就什麼善？」

▼一個人受大眾信任，不是由於他自身，而是來自於眾人。

▼沒有什麼事物比「良善」更受大家喜歡。

▼要是有時間，就別再等空閒。

1738.

▼婚前睜大眼，婚後半睜一隻眼、半閉一隻眼。

▼長舌的人都應該把耳朵剪掉，因為他們根本不需要。

▼想要鞋子能持久，腳丫別進鞋裡頭。

▼除了你自己，還有誰更常騙你？

▼沒有什麼比過度的快樂更痛苦；也沒有什麼比過多的自由（或放縱）更令人感到束縛。

▼除了讓自己難過，還有啥更教人痛苦？

▼想要縮短四旬齋，復活節時催還債。

▼她屁股翹得半天高，活像松鼠扮妖嬈。

▼天佑國王，讓他統治得夠長。

▼殺價還不算太丟臉，勝過鞠躬哈腰去討恩典。

▼每年根除一個壞習慣，惡棍遲早也能變好漢。

▼祝小氣鬼長命百歲，實在是一點兒好處也沒。

▼行善莫推遲；別像聖喬治，雖然是騎士，上馬卻是沒半次。

▼古人告訴了我們什麼是最好的；但我們得從現代人身上發現什麼才是最適合的。

▼我從沒看過能將鉛變黃金的賢者之石，倒知追求這東西會將人的優點變成渣滓。

▼時間是靈藥，啥病都能治好。

▼可靠的朋友有三種，老妻、老狗和閒錢。

▼許願求長壽，不如祈求好生活。

▼買你不需要的東西；持續賣掉你的生活所需。

▼讀書要能收穫多，不在書本數量多。

▼寫作該當學風雅，說話須得庶民化。

▼對於快樂能放手，快樂自然跟你走。

▼在凱撒心裡頭，凱旋戰車不足奇，戰勝自己才得意。

▼閣下有德乎？別忘了還得具備有德的美好之處。

▼有了學問與聰明，還得學會智慧與謙虛。

▼若是能有德，會比國王還快樂。

▼不想死後馬上被遺忘，寫點值得人家讀的作品，或做些值得人家稱頌的事項。

▼別拿美德換富裕，別拿自由換權力。

▼既然連自己藏在牙裡的舌頭都管不住，又怎能盼望拿其他人嚼舌根有法度？

▼連一分鐘都沒把握，就更別浪費一整個鐘頭。

▼做你不該做的，就會聽到你不想聽的。

▼要為自己言不及義負責任，所以別呆呆地默不吭聲。

▼閱讀讓人更豐富，沉思令人有深度，討論使人更清楚。

▼小錯得過且過；大過就得牢記心頭。

▼吃要使自己開心，打扮則得討人歡心。

▼別懇求僕役跟你住一起。

▼注意他人的優點，當心自己的缺陷。

▼好人才懂得怎麼樣懺悔，好人才知道自己行止有虧。

▼管好你的生意，別讓生意駕馭你。

▼若有人捧我，我也回捧他；把他當成是最好的朋友那樣誇。

▼學好人或裝好人，大有不同該區分。

▼別讓壞習慣活得比你長。

1739.

▼牙痛有帖藥方百試不誤，拿點老醋浸浸壞牙的根部，再給太陽晒半個鐘頭刻度，之後絕不會再痛苦；保證算數。

▼眼睛跟牧師都受不了趣事。

▼至於他的老婆，約翰提醒聖保羅說，他是真的有一個老婆，卻讓他好像沒有討過老婆。

▼你不是在打聽克洛小姐有沒有什麼趣事嗎？她的屁股可以出借，但臉面卻裝得高貴。

▼儘管他們已死掉，封王仍然是榮耀。

▼女孩兒要是不靠讀書，就學會男子氣概——就好比我家傳名聲不是亂蓋。

▼歷史學家談關係，不是把真相串連在一起，反而是他們相信之事的聯繫。

▼噢，麥芽匠！打破那個騙人的量杯吧；大家已經都知道，只要用了它就是耍花招。

▼談戀愛的對象是自己，就不會有情敵。

▼教孩子第一課學習服從，第二課就任你擺弄。

▼一無所求的人有福氣，因為他永遠不會失望和喪氣。

▼現代的才子，是大衛王時代的傻子。

▼今後悔改的決心，沒有一個是真心。

▼噢，懶骨頭！你認為上帝給你雙腳雙手，不是要你好好使用？

▼男人和女人死亡時，就像詩人唱的詩，他是心臟停了才過世，她是舌頭停了才算死。

▼人家說：A——有大智慧。怎麼會？是因為他提筆著述嗎？——不，其實是因為他對寫作說「不」。

▼喬治登基稱王，非靠武器鋒芒。

▼波里歐對一切內在事物都看不起，買書時就像獵人捕海狸——只要那張皮。

▼飽學之士如沃土，不是讓世界長滿飽穀，就是讓世界一片綠蕪。

▼浪漫詩意有得救，七座富裕的城市為了已故的荷馬爭奪不休，可是荷馬生前在這七座城裡卻只能想盡辦法討碗粥。

▼極端的美貌、極度的力量、極多的財富，其實都真的沒有極大用處；一副正直的心腸就勝過它們全部。

▼當死神吹滅了我們的生命燭光，

燭芯會說話，從氣味就能知道，我們到底是牛油還是蜜蠟。

▼你沒辦法戲弄敵人當你朋友，但是你可以戲弄朋友成為敵人。

▼寧可沒吃晚餐就睡覺，好過沒吃早餐還得跑跑跳跳。

▼饑渴追隨著的是沙漠，不是報酬。

▼啊！冒牌貨會說，希望我也能這麼做。

▼若在完工前就先付錢，花兩分錢只值一分錢。

▼小心脾氣來得慢的人：他們都是有原因才動氣，而且不會沒事就消氣。

▼去愛，就被愛。

▼重要時刻，要能自我克制。

▼相信你自己，對方永遠不會背叛你。

▼將你的不滿當祕密。

▼給你的父母親掙臉面，亦即你要為他們爭臉——就算他們早就已經長眠。

▼你要是傷害良心，良心不會放過你。

▼別聽信朋友的閒話，也別說敵人壞話。

▼付清你所欠的，就知到底哪些才是你自己的。

▼惠而不費的事情不必去吝惜，好比禮貌、勸言和鼓勵。

▼沒德行就沒自由；這律則對個人公眾都適用。

▼不要自誇你所知，不要自滿你所持，不要自負你所有，不要自矜你所能。

▼讓先人受評斷時是依他們自己所長，讓我們受評斷時是看我們自己有多善良。

▼兢兢業業，不需許願。

▼罪惡不是因為本身遭禁止而令人痛苦，它遭受禁止是因為令人痛苦。責任也不是因為本身被要求才對人有益，它被要求是因為對人有益。

▼好好過活，才能讓你長命；因為愚笨跟邪惡都要人短命。

▼好好裝潢你的房子，別用你的房子來裝飾你。

1740.

▼難怪湯姆會肥胖，那個笨重的懶漢，一生只吃了一餐，一頓永無休止的晚餐。

▼歷史沒轉向的民族是快樂的，歷史沒改變的時代是幸運的。

▼由於沒有飯，省過好多餐。

▼野狼偶爾飽餐綿羊一、兩隻，人們卻動輒吞下上萬隻。

▼公開的敵人大概是種詛咒，但怎麼樣也糟糕不過虛假的朋友。

▼裝扮俗麗的公子哥兒，與他的畫像正好符合。

▼所有美女都盲目，不知道她們的每個疤痕都令人嫉妒。

▼窮人有點錢，乞丐啥都欠；婦人賺到飽，貪得仍無厭。

▼有懶得動身體的人，也有懶得動腦的人。

▼當嚴肅的貓頭鷹對人感到不齒，死板正式還能被當做是睿智？

▼誰說傑克不慷慨？他對給予總是特別喜愛，而且對於回報毫不掛懷——老是在問「什麼？為什麼這樣？」卻不在乎他人的答案。

▼有勇氣的人敢於吃苦，從海洋航向未知的境土，他見過許多不同的奇景；怎還有人懷疑他筆下的情景？

▼拍馬屁的人，一點也不蠢：被奉承的人，全部都當真。

▼我們可以挑別人的毛病，抱怨灰塵遮了他們的眼睛；一點瑕疵缺陷都不放過，卻看不到自己更大的過錯。

▼阿珍，為什麼流淚？什麼事使你頭兒低垂？是不是你老公已經往生？還是有什麼更糟的事發生？他死了之後，沒人來弔問？

▼人的舌頭軟溜溜，裡面沒骨頭；可是話兒一出口，卻能折斷人家的骨頭。

▼認識了一個傻子，就必定認識他兄弟；因為傻子總會介紹你另一個白癡。

▼門不當，戶不對，娶個上司，你倒楣。

▼君子偉人，悲天憫人；懦夫暴君還不知道有事發生。

▼搞計謀、耍花招，都是傻子的做法，因為他們還沒聰明到當個誠實佬。

▼空布袋，怎麼也站不起來。

▼每個人的勇氣都足夠去忍受別人的折磨，也不去折磨其他傢伙。

▼蝴蝶是什麼？頂多是一隻毛蟲打扮過。

▼沒人會被騙，除非自信過了頭。

▼不要怕死亡；愈早見到閻羅王，聲名不朽的時間就愈長。

▼介入人家的爭吵或打架，隨時準備要把鼻血擦一擦。

▼死抱金錢，活該被人笑，傻傻花錢，也沒比較好：天下傻瓜第一號，才會花錢買懊惱。

▼借錢給敵人，能化敵為友；借錢給朋友，很快就沒朋友。

▼別對神責難，也別對神頌讚，直到平安過完七個聖誕。

▼對人說話，要看他的眼睛；人家對你說話，要看他的嘴形。

▼遵循德性，常保德性，其他萬事，聽天由命。

▼細察所有人，尤其是你自身。

▼承諾會為你爭取到朋友，但失信卻會將這些朋友變成你的寇讎。

▼不敢做壞事，就不用害怕任何事。

▼拿人說笑，樹敵不少。

▼避免不義之財：沒有錢財；能夠彌補惡行的災害。

▼施恩慎勿念，受施慎勿忘。

▼想要忙裡偷閒，就要善用時間。

▼寧可多跟希臘的哲學家吃鹽，少跟義大利的弄臣吃蜜語甜言。

1741.

▼全天下最好的事兒，就是舌頭受控制；說得太多，必定是話兒沒用；好不容易才飛離多話的波濤：誰還要去聽麻雀嘮叨？

▼沒有沒樹皮的木頭。

▼猴子取暖要靠嫉妒心，朋友之間要靠互咬才能博感情；而且牠們愛模仿人類，成天想些花招來胡鬧，絲毫不覺得累。

▼轉頭看看土耳其人提姆的模樣，在言語和行動上都暫且拋開你的信仰：難道跟隨穆罕默德會比信奉魔鬼還不像樣？

▼基督信仰要我們歷經苦難；政府政策，則是讓我們受苦受難。

▼當心老加圖看穿你。

▼妻子們不讓丈夫看見的傷痕，多過不讓全世界看到的份：請把合宜端莊當成你的自尊。

▼尼克的激情發得快又猛；他的理智看來卻像是一場空！

▼貝絲誇耀自己是美女，而且絕對擔當得起；你如果問有啥原因？那其實是她的乳名。

▼說得清楚極啦，迷霧先生！您可是用希臘文來解釋英文。

▼佛密歐為他自己的罪過哭泣，就像是朋友互道後會有期。相信佛密歐開心不起來，直到有天它們捲土重來。

▼傑克吃了壞掉的起司之後，如此表示：我就像是被山普森殺了一千次；羅傑說，我發誓，如果你試一試，也會發生同樣的事。

▼找到了娘親，誰還會願意讓她分心？

▼債務的身上，背負著「撒謊」。

▼笑話一出門，朋友帶進門，兩邊馬上吵一頓。

▼如果壞事不來，恐懼就是白費；壞事如果真的來，恐懼會讓痛苦加倍。

▼不想讓敵人知道祕密，就千萬別對朋友提起。

▼為了面子，人會改變舉止。

▼獻神祭品搶不得。

▼沒有比機靈的傻瓜更加麻煩的笨蛋。

▼吵架撐不了太久，如果有一方堅持的是錯誤的理由。

▼人無事可煩惱，不會為事煩惱。

▼享受現在的時刻，留心過去的時光；對於逐漸逼近的未來，不要恐懼，也需要盼望。

▼請把你的不滿當祕密守；要是傳了出去，全世界都要鄙視你，而且還會更加的不滿意。

▼要批他人有過錯，捫心自問得先做。

▼感激千萬別過多，不然反而找罪受。

▼事情如果能夠辦得好，一回可當兩回好。

▼發現自己在發呆，要當恥辱來看待。

▼二十歲時，意志作主；三十歲時，機智作主；四十歲時，判斷作主。

▼如果你明明知道是壞事，就別受愉悅所誘使，別受利益所指使，別受野心所腐蝕，別為先例而動搖意志，別受教唆而從事；如此你才能永遠快活度日：因為只要有良心，天天都是聖誕日。

▼憤怒愚昧並肩走；怨恨緊跟在後頭。

▼快起來，懶惰鬼，別把生命白浪費——墳裡頭有得你睡。

▼多學學巧匠這一手：凡事靠自修，師傅還當他是笨頭。

1742.

▼凱特想要湯瑪士，沒人能說她不是：湯姆不想要凱特，誰又能說他苛刻？

▼亮麗如白晝，明豔似清晨，親切如微風，說的就是克蘿這佳人。

▼晚餐吃得少，就不必吃藥。

健康長壽、免患熱疾的通則

▼視個人體質攝取適量飲食，參考指標是你的心靈做了多少事。書讀得多，消化就差得多，所以不該吃得像勞動多的人吃的那麼多。飲食的適當質量一確定，就要能固定。其他事物也都別過度，正如飲食也該恰到好處。

▼年輕、年老、生病時，該有不同份量的飲食。不同的體質，也該有不同飲食；同樣的東西對性寒的人可能太多，對性燥的人可能不夠。

▼食物的量（非常可能）要與胃的性質和情況成比例，因為是靠胃來消化東西。食物份量能足夠，就能把胃給填飽、讓胃消化好，滋養身體剛剛好。某些東西吃太多，消化就不夠。最困難的是，找到適切的份量；但是要為了滿足必需來進食，不是為口腹之慾

吃東西，因為慾望對於什麼叫做必需，根本一無所知。

▼想要長壽、健康又明智，還要認識上帝所行的奇事？首先得讓你的胃口聽從理性的指示。

找出飲食份量的準則

▼如果吃到讀書、做事不舒服，表示吃得太多。如果吃完覺得頭昏腦鈍，顯示吃了太多；飲食是要補給身體，使身心愉悅，不是要令人昏昏沉沉、身體遲鈍。

▼盡量避免看到美食佳餚；因為要在看到這些東西時覺得不開心，比避免沒看到卻想吃這些東西的慾望難得多了；同樣的狀況，在其他感官感覺上頭也一樣。

▼如果覺得有這些不適症候，想想是不是吃得過度、喝得太多所導致，試著逐漸減少飲食份量，直到消除不適感為止。

▼如果偶爾吃太多，省掉下一餐，應該就足夠——只要不是經常這樣做；例如如果午餐吃太多，晚餐、宵夜就跳過。

▼在用餐前的十五分鐘簡單做點運動，舉舉重或雙手各拿個東西甩一甩；或者跳一跳之類的，好刺激胸部的肌肉。

▼適度的飲食可以避免疾病；這種方式可以令人少生病，如果偶然患病，可以比較承受得住，也比較快康復；因為大多數疾病的源頭都是暴飲暴食。

▼適度的飲食可以讓身體抵禦所有外在意外；讓身體不會受寒熱所苦，也不會因勞動而受傷；要是偶爾真的受傷、脫臼、瘀青，也可以比較容易治癒。但要是你居住的城市或村子爆發了熱疾，為了預防起見，吃喝大可以自在一點；因為這並不是暴飲暴食所致，而且能吃飽的人很少得到這種病。

▼簡樸的飲食可以讓人死亡的時候比較不痛苦；也可以讓各種感官充分發揮作用；也能緩和激情與情緒的波動。簡樸的飲食能夠維持記憶、增進理解、平息熱切的慾望；也能讓人思索他後續的目的；讓身體成為適合耶穌進駐的居所；而透過我們的救主耶穌基督，又能讓我們對現世感到滿意、對來世感到幸福。

▼裙擺做得長，錢包輕得慌。

▼勤奮努力能償債，絕望只會債滾債。

▼好奇怪！居然有人聰明到會寫諷刺詩，卻會笨到出版這玩意。

▼阿賓拍拍他腦袋，希望智慧長出來；但就算他敲破腦袋，也沒啥東西在。

▼湯姆，虛榮會使你苦痛難挨；這些註定要失敗：豬尾巴做不出好箭來。

▼紅布是釣魚的餌，希望則是騙人的餌。

▼身無分文的海盜，人人唾棄身分糟：出門赴外尋財寶，等到羊兒要剪毛，他們才衣不蔽體、瘦骨嶙峋地回來找岸靠。

▼嫌貨才是買貨人。

▼我才不拜蟋蟀精——儘管牠們亮晶晶。

▼人們會相遇，山岳永遠碰不在一起。

▼壞蛋一鬧翻，誠實的人就能得獎賞：牧師一爭辯，真理就出現。

▼釣到了魚兒，就別奢望還要有牛奶喝。

▼金錢和人類，交情屬於這一類：人類會偽造假錢幣，金錢也會讓人沒信義。

▼油嘴滑舌的人，隨口就有獻辭可奉承；說起謊來，簡直像是十篇致祭文。

▼一個好丈夫相伴，抵得過兩個好妻子相陪；這是因為——物以稀為貴。

▼沒有神就沒有萬物，有神什麼都富足。

▼要想種荊棘，別赤腳踏地。

▼長話要短說：緊閉的嘴巴鑽不進一顆蒼蠅頭。

▼金錢加良好舉止，才能塑造一個紳士。

▼殷勤的牧師，就像蠟燭般，犧牲他自己，給他人光芒。

▼犯錯是人性，悔過是神性，執迷不悟是惡魔脾性。

▼孩子晚年才在抱，孤兒肯定做得早。

▼壞習慣跟壞建議，很少被忘記。

▼有錢買不通死神。

▼工匠要是沒工具，律師如果缺蠢驢，都玩不出啥把戲。

▼援手給得適時，等於給了兩次。

▼過年換掉舊年曆，順便也該擺脫舊惡習，雖然也曾那麼親密。

▼早上睡過頭，必定整天跑著走，夜裡也很少繼續工作。

▼要活用你的天賦，不用鑽子來督促。

▼拜訪叔伯姑嬸，但是不要天天登門；探訪兄弟姊妹，但是不要夜夜見面。

▼有一技在身，就有房子能棲身。

▼狗眼看人低，將錢當印記，小心審判日時只剩你自己。

▼明日事，今日畢。

▼如果夠聰明，就懂得小心——怎麼去對待別人的宗教、信用和眼睛。

▼疾病的最佳防禦就是保護德性：節欲。

▼要是做壞事，歡樂就消逝，苦痛一點也沒消失；如果做好事，痛苦會消逝，歡樂卻能一直維持。

1743.

▼若想要變有錢，多想著省錢，別顧著賺錢：印度也沒讓西班牙致富，因為她的收入相當於支出。

▼寧可花錢買，不要去借貸。

▼常言道，智者只聽半套。

▼對感官所知的事物，人們的看法天天都在變，所以，對於不可見的事物，人們可能也該有一致的意見。

▼驕傲自誇還得意洋洋，膨風的巴佛趾高氣昂；好比一隻癩蛤蟆，還沒有其他蛤蟆在身旁。

▼勇於面對自己錯誤或有決心改正自己錯誤的人，實在是太少了！

▼世界充滿了膽小鬼和傻子；但是每個人都勇敢得能承受不幸之事，也聰明得能夠管到鄰居家裡大小事。

▼D—l用窮人的自尊，把B—ch掃出門。

▼你剛來自王宮裡頭？因為你的樣子散發著不可一世的派頭。

▼些許易得之物為我們帶來的好處，多過君王權貴靠豪奪動粗。

▼寒冷以及機靈，一樣都來自北地，但是，若只有機靈而沒有智慧，那就根本就不值得一提。

▼若今天九點就得死，成為飽學聖人又如何，雖怨天尤人也沒輒。

▼迪克對他老婆說，他敢發誓賭咒，只要是她祈求的，老天都不讓她得到手。真的！妮爾這樣說，這就是我最想聽到的；因為從今之後，親愛的，我都要祝你長壽。

▼啊，笨頭笨腦！年紀還小，就有了兩個寶——時間和忠告；只是一個你弄丟，另一個卻又不要。

▼聖人間的許多漫長爭論，可以簡化成：就是這般；不是如此。就是如此；不是這般。

▼有多少人在慶祝耶穌的生辰！又有多少人遵行他的訓箴！噢！節日比教訓更容易留給後人。

▼經驗是間好學校，但傻瓜不會再上其他學校。

▼西班牙人傑克的話得聽聽，就算全世界打仗打不停，也得跟外人保持和平。

▼抱怨卻又不講理，真的很無理。

▼傷痛由衷，臉色不動。

▼壞朋友，像條狗，就愛塵土起風波，愈髒就會愈快活。

▼要讓自己廣為人知，但別讓人對你徹底熟知：看到淺灘的人定會隨意涉水過！

▼最毒的蜜蜂從不說人壞話，不管是奴隸還是國王，但他的毒針最尖，而且扎下去絕不徬徨。

▼當心，注意！要是誰的心裡沒恐懼，騙起人來也會毫不猶豫。

▼保護神明，神也保庇你。

▼謙虛明智者最有福，位高權重也會沉淪，低微卑下也能突出：無恥者自作踐，自作自受沒人憐。

▼睡著的狐狸抓不著雞。快起！快快起！

▼要忍人欺侮，美德得為伍。

▼如果你想搞定，趕緊去做：如果不想搞定，早早撒手。

▼要有偉大的決心很容易，難的是認真做下去。

▼滿足與富裕，湊不在一起，富裕找上你，我只要滿足就足矣。

▼能從別人危險中得到警告，真是有福報。

▼教會、國家和窮人，應該被當成三個女兒疼，不該為了嫁妝就賣出門。

1744.

▼聚少能成多。

▼午餐吃得少，晚餐吃更少；要做得更好，別吃晚餐就睡覺。

▼管好你的生意，不然生意就會駕馭你。

▼我向你保證，趁混亂前就先走；誰會想要偷偷摸摸跟在後頭？

▼勤奮、有恆又節儉，大富大貴在眼前。

▼沒有法律來維持，飯都沒得吃。

▼想擺脫討厭的朋友，那就借他一筆錢。

▼酸言酸語，就不會有朋友和伴侶——一匙蜜糖引來的蒼蠅，多過一桶老醋沾上的螞蟻。

▼給我昨天的麵包、今天的肉，還有去年的酒。

▼同一個人，不能既當好朋友，又對著你奉承。

▼可怕之人，就是可恨之人。

▼舌頭無骨，傷人入骨。

▼一位丈夫為他的河東獅寫了一篇祭文：我可憐的布莉姬長眠於此地，她得到了安息，我也總算能夠清靜。

▼家中有老人，是個好兆頭。

▼令人受傷的事會讓人得到啟示。

▼真正的友伴，是最好的財產。

▼有蘋果酒可喝卻獨酌，乾脆連馬兒也讓你自己去捉。

▼祈禱以及糧草，不會是旅途的阻撓。

▼沒討老婆打光棍，不算完整的男人。

▼飽肚鼓鼓，罪惡之母。

▼什麼樣叫做「強」？把自己惡習

改光光。什麼樣做叫「富」？對自己所有能感到滿足。

▼看起來光像沒用處，得要成真才算數。

▼急事緩辦。

▼要聽從理性，不然，道理就會壓過你。

▼想要被寵愛，得先能友愛。

▼驕傲一抬頭，幸福躡步走。

▼關懷加倍，富裕加倍。

▼懶惰（像鐵鏽）比勞動耗損得更多：鑰匙若常用，光亮不生鏽。

▼不要成天想投機，上帝就不會讓你去下地獄。

▼敬畏上帝，敵人就會敬畏你。

1745.

▼要買東西，要有一百隻眼睛，要賣東西，只要一隻眼睛。

▼留意小開銷，再大的船也可能因為小小的裂縫就沉掉。

▼輕輕的荷包，是重重的詛咒。

▼雙手啊，爭個氣；因為我沒有土地。

▼花錢如流水，借錢爛債鬼。

▼行善往往是犧牲。

▼笨蛋要是有點小聰明，就更會惹人厭到不行。

▼這種事兒人常有：編上六個藉口，代替一個真理由。

▼虛榮咬得比壞心重。

▼傻子笨得藏不住自己的智慧有多少。

▼所有的血都一樣，看起來跟千古之前沒兩樣。

▼你的話裡只看見，事物最好的那一面。

▼人若沒禮貌，品德就顯更需要。

▼我要是報錯仇，裙子就不會穿這麼久。

▼敲煤塊、雕蠟燭，還在邊上烙商標，不會是好主婦，跟主婦的交情也不好。

▼有戰爭就有傷痕。

▼許多人都抱怨自己記憶不行，很少人抱怨自己判斷不清。

▼避免養成壞習慣，比不上根除惡習難。

▼人人都敢誇耀自己的誠實，很少人敢誇耀自己的知識。

▼決心今後要改過，就是決心不改眼前錯。

▼一個人可能比另一個人奸詐，但不可能比所有人都狡猾。

▼母親如果太勤奮，就會讓女兒變得又懶又鈍。

▼怠惰是最奢侈的揮霍。

▼利益使某些人看不到，卻讓其他人開竅。

▼一盎斯買到的智慧，值過一磅學來的教訓。

▼一生禍福的兆頭，就看你討的是好妻子或是壞老婆。

▼老來還有赤子心，老得長壽命。

▼沒有付出，就沒有收穫。

▼對神明，要敬畏又崇拜；對鄰居，必須公正又慈愛；對自己，要清醒又明白。

▼只替好水果接枝，不然乾脆省一事。

1746.

▼誰要是抱怨沒有愛侶，還真是頭蠢驢。

▼過寬會拖磨，過窄會扯破。

▼絲緞能滅廚房火。

▼惡行知道自己醜，所以才會拿張面具蓋住頭。

▼世上何事最容易？自己騙自己。

▼人人都自認，自己是好人。

▼農夫站得挺，高過仕紳跪屈膝。

▼人如果有寬大的心田，最不在乎的就是錢，但可惜的是——絕大多數人，都只覺得缺錢。

▼良知是人都需要，但是只有少數人才當做寶，沒有人覺得自己有缺少。

▼什麼叫氣節，標準正在變：你看那鐵匠，白袍也染灰！

▼一個窮字百樣缺。

▼舌頭總愛碰壞牙。

▼馬上拒絕我，就是幫我個忙。

▼最精緻的愚昧，就是太過巧妙的智慧。

▼瘋狂的國王和瘋牛，再多的條約和繩索來綁都不夠。

▼提姆和他的鋸子，都好好待在他們該在的位子，雖然他不適合講道，它也不適合拿來刮鬍子。

▼我們已經緊握雙手，但若上帝不幫忙，這樣做也沒用。

▼換床治不了感冒，換國家治不了當家的胡鬧。

▼門兒打開，臉色難看，這樣的股情只有一半。

▼責備的尖刺，在於話裡顯真實。

▼當水井乾涸，我們才知水的價值究竟有幾何。

▼賢妻與健康是男人最佳的財產。

▼美色與美酒，賭博與詐欺，會讓財富貶低，慾望無底。

▼真正的偉人既不會踐踏小蟲，也不會在帝王背後偷偷跟蹤。

▼誰若愛吵架，絕無好鄰家。

▼欠缺關懷的危害，大過無知造成的傷害。

▼凡人哪，要有勇氣；死神不能將你從宇宙中踢出去。

▼你若愛惜性命，不要浪費光陰；點滴的光陰，累積成生命。

▼悠閒生活和懶散過活，兩者不同別搞錯。

▼美德為母，女兒就是幸福。

1747.

▼努力成為國內最偉大的人可能會落空，努力成為國內最厲害的人卻可能成功：只要贏得一場單人賽跑就能逞威風。

▼林裡沒有朽木在，整座林子有古怪。族裡都是乖乖牌，這家大有問題在。

▼不幸的人沒有人認識，幸運兒自己卻不知。

▼湯姆真老實！你大可信任他，就像一屋子不開口的石磨。

▼勇氣愛逞凶好鬥，謹慎卻拉著不放手。

▼迪克真是纖細！念篇公告，輕聲細細。

▼寇內琉斯應該就是塔西佗。

▼痛風與驕恣，很難徹底醫治。

▼健康萬分感覺不到，一點病痛就唉唉大聲叫。

▼良心雖然安靜，就算睡著時卻也還是大聲鳴，不過安心和內疚，卻彼此隔上千萬里。

▼傷害得要寫得像是沙子，描述優點卻得像是大理石。

▼許多人因為買了便宜的好東西而從此受害無比。

▼切得夠細微，表示夠瑣碎。

▼群眾是頭大怪物；頭兒一大堆，腦子卻是一點也沒。

▼有時該睜開雙眼，有時該閉一隻眼。

▼好的例子，是最好的啟示。

▼父親是寶貝，兄弟給安慰；朋友兩者都兼備。

▼還會暗自尊敬好人，還算不上真壞人。

▼一惡不除去，兩個惡習就來臨。

▼筆下惡意多過事實，會讓作家墮落成登徒子。

▼編造一定得付錢打點，真相卻能夠赤裸呈現。

▼聽不進建議，沒人能幫你。

▼魔鬼會將毒藥摻蜜水。

▼失足復原快，失言麻煩甩不開。

▼絕望只讓某些人受傷，傲慢卻害許多人遭殃。

▼耐心怎衡量？看你找所需東西的模樣。

▼用什麼來服侍神？行好事，做好人。

▼對於自己的主張，小有不安總好過自滿張狂。

▼不刺探祕密是睿智，不揭露祕密則是誠實。

▼不能承擔他人的情緒，就無法掌控自己情緒。

▼靠犁吃飯想興旺，不是持續做就是拚命幹。

1748.

▼人可以正確地稱為一個小世界，因為他就是一個世界的縮影。

▼不想冷天得到胸膜炎，不想熱天患熱病和感冒，那就別吃太多、別穿太暖和。

▼竊賊一定有甜頭，竊鉤者誅，竊國者諸侯——但是，那對你和我來說，又算是什麼呢？

▼要過有品德的生活，我的好朋友，要上天堂的時候，如果理性不夠多，你需要的就是信仰要更深厚。

▼笨頭偏愛賣弄口舌。

▼異教徒往生之時，上床用不著點蠟燭。

▼流氓跟蕁麻算同類；輕撫他一下，刺到你流淚。

▼跟傻子一起過活，只會喫酒；跟智者一起生活，思考到白頭。

▼東西便宜賣，就像把店蓋在古德溫沙灘上，但是不愁沒客人。

▼挑嘴的迪克，口味太挑剔，從沒吃過一餐好東西，肚子還沒填飽就離席。

▼欸！英雄都是靠吹捧！

▼瘟疫和英雄，算是同祖宗！瘟疫還可能留下東西，英雄全掃空；所以瘟疫會帶走這種英雄，讓他們的名聲腐爛生蟲。

▼一知半解的哈利，什麼事情都能吹噓。

▼一個傻子會犯兩種錯；他會設法補救他沒做的另一半。

▼大多數的傻子，都覺得自己只是無知。

▼不能忍受他人的教養差，自己的教養也是好不到哪。

▼這樣的人真幸福，肚子餓了，什麼食物都可以果腹，口渴了，喝什麼飲料都可以滿足，願意聽各種音樂，喜歡看各式各樣的圖畫、雕塑和建築，各種書籍和朋友都能讓他的心靈富足！還有種人真痛苦，除了美麗、秩序、典雅、完美，受不了其他各種事物！有品味的人，不過就只是處處嫌惡的人。

▼時光一逝不復回。

▼急匆匆，少建功。

▼繆思女神愛早晨。

▼對朋友、律師和醫生要坦言以告；不要強顏歡笑：他們要怎麼給建議，若還有事情不知道？

▼人若安心無慮，恐怕安全堪虞。

▼慷慨不是給得多就贏，要給得夠聰明。

▼寬宥惡人，就是傷害善人。

▼傑克若在，就沒法對吉兒的美貌好好仲裁。

▼撒謊堪稱第二壞——最糟糕的是躲債。

▼黑暗中駕車亂衝，為害甚重。

▼聖誕大餐的飯禱要注意；別使餐桌成陷阱；要將上帝的恩澤分享給貧苦人民。

▼對其他人好，就是對自己最好。

▼疑心重，可能不算錯，表現出來可就太超過。

1749.

▼看病要及時：因為要是水腫過度，撐破皮膚，患者只能哀嚎著草藥沒有效，這才去看醫生，才恨沒有及早：太晚受治療，財產有一半都花掉；一萬個醫生也沒辦法還他健康歡笑。

如何致富？

▼想要領先全世界，就要從工作上做起：將上午該完成的事延到下午才進行，不僅是糟糕的管理，還顯示出懶散的習性。

▼致富的訣竅，主要是在於節儉。人不可能得到同樣多的錢，但每個人都有實踐這項美德的能力。

▼少年時的一技之長，會為成年帶來萬貫家財，那時候的寫作和記帳，都不再是低賤的事項。

▼關於思辨或實踐的學習，在民主政體或是貴族政體裡，都是財富與榮耀的天生來源。

▼切勿輕忽些微的損失或收穫；小土堆也能堆成山：要看重每一筆小支出，別浪費事物，省下的每一錙銖，都能夠積累致富。

▼能夠省下四毛錢，這一毛就花得划算。

▼雖然無知可能是虔信之母，但真正的學識與無比的虔誠並不背道而馳。

▼西塞羅說，人不勤奮不算偉人；也許可以再加上一句話，人不節制不算勤奮：因為毫無節制的飲食，會敗壞心靈與身體的動作與活力。

▼滿足和富裕，並不總是一對好伴侶。

▼狐狸都會愈老愈精明，但沒幾隻愈老愈善良。

▼吃得太多嘴就挑。

▼挑剔的人愛什麼，乞丐最知道。

▼災禍和不幸，歡迎歡迎，只要不是禍不單行。

▼不同教派就像不同的時鐘，內容差不多，彼此意見卻不同。

▼對年輕人的明智建議曾經是「選擇最佳的生活方式，習慣會讓生活變得最為愉快」。但很多人根本不選擇任何生活方式，也沒有生活目標，無從追尋有價值的目的；他們只會一直漫無目的地從一件事情飄移到另一件上頭。

▼卑鄙壞人，真該學學心靈活動，究竟為什麼你發了瘋，辜負你的稟賦種種，也不朝人類偉大的道德目標動一動。

▼若你的頭是塊蠟，千萬別走在太陽下。

▼可愛的人和機智的人，都能打得你渾身傷痕。

▼所有人都想要長生，卻沒有人想要變老。

▼對驕傲嗆聲，並不總是謙卑的象徵。

▼十人有九都在自殺。

▼人如果一激動，就像騎著的馬兒發了瘋。

▼言辭可以顯示一個人的機智，但行動才真正展現出他的意思。

▼本地女士的鼻子，對於阿拉伯的香味不會感到興趣。中國的悅耳音樂，在賓州最挑剔的耳朵裡聽不下去。日本最精緻的美食，也不會成為其他國家的桌上佳肴。但藉由善良與大方的行為所表現出的仁慈心腸，在世界各地都會同樣受到讚揚。

▼四月寒，穀倉滿。

▼藉酒澆愁愁更愁。

▼人家說驕傲是好人最難根除的惡習。它是個變形蟲，以各種面貌掩藏自己，有時候甚至會戴上謙卑的面具。如果有人對打扮得整潔得體感到驕傲；也會有其他人對此感到鄙夷，總是意興闌珊。

▼忽視能消除傷害，報復卻會增加傷害。

▼傲慢先讓人盲目，再讓人忙碌。

▼智者從敵人身上得到的收穫，比傻瓜從朋友身上得來的更多。

▼智者從他人受的傷害中學習；傻子從自己受的傷害中得教訓。

▼最善良的天性，沒有明智的指引，會變成最大的不幸。

▼絕大多數的學識都沒啥大用處。

▼激情之止，懺悔之始。

▼不當信託，不要爭辯，不要作保，不要借錢；你就能終生平穩享天年。

▼要是你還沒有任何確定目的，你的所有行動究竟對你的生活有什麼助益？

▼難道你還沒有為標靶做上標記？還是像個追著烏鴉的男孩，拿著彈弓和石頭，一棵樹追過了一棵樹，私毫沒收穫，而徒讓光陰虛度？

▼你自己應該學習；睿智的造物者將你安排在什麼地位和階級：還有，那個地位的一切事宜，都要付諸實行，還要用明智來指導你自己。

▼製造傷害讓你輸給敵人；報復他人只讓你跟他相等；只有原諒能讓你勝過他人。

▼激情若是要衝刺，得要讓理性去控制。

▼沒有什麼物品，能夠比良善更有價值。

▼良心常常保清白，恐懼就從此不來。

▼重要的事情，得要靠你自己，不要太過相信你的朋友或僕役；個人看來，朋友的保證可能太過於動聽，而僕人的擔保又很少會是真心。

▼今天能小心完成的事情，之後可能會有未曾預期的危險來臨；事先的預期都不能確定，運氣的脆弱，一如其美麗。

▼能知足，窮人也富有；不知足，富人也窮窘。

▼曾經是窮人不丟臉，覺得這事兒丟臉才丟臉。

▼有種野心值得讚賞，就是要變得比鄰居更棒。

1750.

▼最堅硬的東西有三種：鋼鐵、鑽石和自知。

▼飢餓是最棒的開胃菜。

▼要不是為了背個肚子，背脊也可以背著金子。

▼日晷放在陰影裡，這是啥玩意！

▼驕傲跟欠缺都是大聲嚷嚷的乞丐，但是比起欠缺，驕傲還要更無賴。

▼聲音能夠通過公羊的角而不受影響，健全學說能通過牧師之口卻改正不了他。

▼付清你的債，你值多少自己就會明白。

▼先把你的手洗乾淨，再來指摘我污點。

▼人若事務眾多，藉口一定也多。

▼你能比一個人狡猾，但不可能比所有人奸詐。

▼許多人的生活都只想要靠機智，卻老是敗在沒知識。

▼交遊單純真可憐！毫無話題可言！

▼無知會使人虔誠，如果這話是認真無誤，忠實的魯夫斯啊，你真的是全天底下最虔誠的人。

▼你能忍受自己的差錯虧欠，為何不能忍受你妻子的缺點？

▼你若不知事物本質，光知道它的名字有何意義？

▼提姆學問好，能用九種語言來為一匹馬兒命名號；他的無知也夠徹底，買頭母牛當馬騎。

▼沒受教育的天才，就像銀礦土裡埋。

▼除了罪過，哀傷對啥都沒好處。

▼窮困同時又誠實，（雖然很光榮）實在不是件易事：空布袋很難站得直；要是站得起來，一定很堅實！

▼能夠忍受責難，而且改過遷善，這樣的人如果不是智者，就是在成為智者的康莊大道上。

▼謙遜是美德，害羞卻是惡。

▼只要工夫下得深，小刀鋸斷老樹根。

▼無名小卒與謙卑，讓其他人物與德行的價值翻十倍。

▼換床治癒不了熱病，換工作也治癒不了不滿的心靈。

▼沒人能夠無德卻有福。

▼把酒灑出來，只會損失那一點；把酒喝下去，卻往往連自己也搞不見。

▼許多人都認為自己買到了享受，其實是將自己賣給享受當奴隸。

▼玻璃、瓷器和名譽，都脆弱易碎，修補不易。

▼黃金時代永遠都不是現代。

▼別把你天分掩蓋住，它們天生有用處。

▼能夠控制激情就是主人，只能服從激情就淪為僕人。

▼想摧毀敵人，自己先做好人。

▼將自己家族當成榮耀真丟臉！你該為自己家族爭臉面。

1751.

▼保佑不要燒了我的房子，來烤你的雞蛋兒吃。

▼要是覺得身分地位不夠好，有好多人都顯得更糟糕。

▼知道自己屁股臭，就會特別在意別人皺鼻頭。

▼狡詐多計，主要來自沒能力。

▼很多人會對小恩小惠加以回報、體會中等恩惠有多少，卻對大恩大德不知回報。

▼青春是活潑又積極，老年則是拘謹又愛懷疑：所以穀穗在還年輕時，站得直挺挺；等到飽滿成熟時，頭兒垂得低。

▼如果你的錢財真屬於你，何不帶著一起歸西？

▼比起告訴朋友他犯的錯，你對朋友的信賴真是夠多，才會告訴朋友你自己的過錯。

▼反抗宗教的言論是頭出柙猛虎，而這頭猛獸恐將反噬其主。

▼被控訴的可憐蟲要見律師面談，只能聲聲嘆，因為律師聽不懂他的話，直到他付錢疏通。

▼「貪婪」無所不用其極的累積，經常被「野心」愚蠢地揮霍殆盡。

▼有人懶得動身體，也有人懶得用心靈。

▼誰對一個人的判斷最準？是他自己，還是他的敵人？

▼饕客難得遇見好廚師。

▼驕傲的人也討厭別人的驕傲。

▼一個日子是假日，就是因為它是神聖的日子。

▼有人這麼說，該有的價值就是知道朋友的價值為何；該有的美德就是擁有敵人的美德。

▼世間享受如果不能使我免於死亡，那就更不能妨礙我進入永生的殿堂。

▼如果我們丟了錢，會有些憂慮；如果錢是被騙走或搶走，我們會生氣。但是失去的金錢可能找得回來；被搶的東西可能會復原；而寶貴的時光一旦失去，就再也追不回了；可是我們還是恣意的揮霍，當做它毫無價值、沒有用處。

▼時間就是金錢。

▼鐘敲一響：我們除了時間的流失，對時間一無所知。所以讓它開口指示實在是人類有本事。如果聽得懂，那其實是逝去時光的喪鐘；它們哪兒去了？年歲付水流：那是在催我們加快動作；究竟還有多少事要做？

▼既然我們的時間已經有了個標準，寶貴時光已經化為鐘點計算，勤奮的人就知道應該怎麼利用每個片刻，在他們各自的專業中獲得真正的益處：虛度時光的人，事實上，就是揮霍無度的人。

▼我們能夠提供建議，卻不能給人品行。

▼什麼東西比黃金更有價值？鑽石。比鑽石更有價值的是什麼？品德。

▼豪門儘管去遨遊，小舟要緊貼岸邊泅。

▼克制最初的慾望還不算難，滿足隨之而來的其他慾望才難辦。

▼昨日不忘，今日之師。

▼繁榮之世才有惡，不合之世顯美德。

▼愛情和牙疼都有許多的療方，但是，除了獲取和根除之外，沒有一個辦法能夠屢試不爽。

▼酒醉是眾惡之首，會讓某些人變傻子，某些人變野獸，還讓某些人變成惡魔。

▼友誼靠著拜訪可增溫，但不要常上門。

▼別從人們週日的裝束衡量他們的虔誠和財富。

▼有勇有智，才敢自承做錯事。

▼不去監督手下勞工，就是拿你的錢包給他們打秋風。

▼愛慕虛榮的確是種空虛的詛咒；你要是迷戀任何風潮，最好先看看你的荷包。

1752.

▼卑賤是傲慢的原因。

▼有善於忍受的脾氣，就得忍受許多東西

▼看著古老的羊皮紙卷；他讚美過去的時光，簡直就像是準備拿著它們去賣錢。

▼國王的手臂長，但「不幸」的手臂更長：所以沒人自認能逃離它的魔掌。

▼少了釘子，馬蹄鐵就掉了；少了馬蹄鐵，馬兒就輸了；少了馬兒，騎士就迷路了。

▼小孩和國王，都會為了小事情吵不完。

▼比起受傷就報仇，原諒就顯得高貴得多，而鄙夷更是有男子氣概得多。

▼「成功」毀了不少人。

▼人類是一種怪生物：有一半的人譴責自己的作為，另一半專做自己譴責的行為；剩下的才會永遠說他們該說、做他們該做的。

▼驕傲要果腹，吃的就是輕蔑與虛榮。

▼害羞這項品德好，就跟驕傲一樣妙。

▼老男人跟小孩子都同樣有玩具——只是價格有差距。

▼要是懦夫和傻子太無情；勇者與智者，都可堪憐憫。

▼要是人可以滿足一半的願望，就會多出一倍的麻煩。

▼玩木匠的工具是惡劣的玩笑，玩醫生的工具更糟糕。

▼災厄與興旺，是正直的試金石。

▼兄弟不一定是朋友，但朋友卻永遠是弟兄。

▼嚴酷經常是仁慈；仁慈往往是嚴酷。

▼一個不孝的女兒，不會是聽話的老婆。

▼忙人少閒客；沒有蒼蠅會去找滾水喝。

▼伸兩次援手，給得快過頭：馬上就又被要求。

▼傲慢與卑鄙，關係當然是匪淺；就算藕斷了絲也連。

▼心胸若寬大，四海是一家。

▼過於有禮的脾氣，就是對自己無禮。

▼客套不是禮貌；禮貌不是客套。

▼不當的讚辭，是苛刻的諷刺。

▼揮霍的人常比貪婪的人更不義。

▼開會要趁用餐前；思考與行動，飽腹都會覺得討厭。

1753.

▼哲學和紈褲子弟一樣，經常能改變流行趨向。

▼付利息是違背了某些人的原則，買通官員看起來也像是違反其他人的利益。

▼設立太好的榜樣，是一種很少被原諒的毀謗——那是對權貴的中傷。

▼說大話的人可能不是傻子，但相信他的人就絕對會是。

▼要是官員都不做好事，人民的善心就會餓死。

▼繪畫和打架，保持距離最好看。

▼無知使人結黨，羞恥讓他們不敢脫黨。

▼許多人為了宗教爭吵，卻從來不曾按著行道。

▼最了解這世界就最討厭這世界。

▼危險是禱告的調味料。

▼蜜糖罐裡要是沒蜂蜜，那你嘴巴就得甜如蜜。

▼一雙不說話的耳朵，搾乾一百條舌頭。

▼沒算成本就蓋房，行事太莽撞；算了成本才建樓，又總是後悔算不夠。

▼服侍上帝要靠與人為善，只是祈禱常被當成方便法門，所以才會吸引更多人。

▼精簡的裁決好過臃腫的判斷。

▼一旦開始要攀爬，野心就比什麼都更加卑下。

▼一旦失寵，沒人認識你；一朝獲寵，連你都不認得你自己。

▼人若不滿足，沒有一張椅子堪稱舒服。

▼憤怒從來不會沒理由，只是很少會是好理由。

▼突如其來的權力，易成為無恥；突如其來的自由，容易變無禮；最好的辦法，是逐步給予。

▼美德，以及手藝，是小孩的最佳補品。

▼最受期待的禮物，是回報而不是施捨。

▼在市場中有耐心，價值一年一磅金。

▼惡化的傷還能治，惡化的名聲沒藥醫。

▼上帝、父母與老師，恩情永遠難回施。

▼未經利用的空暇，不算真閒暇。

▼想要受到別人的稱讚，那麼，就得先撒下種子——要說寬厚的言辭、要做有用的事情。

▼理性在講道理時若不聽，它會打你的耳括子。

▼欲速則不達。

▼認為金錢萬能，很容易會被當成拜金的人。

1754.

▼第一等蠢事是自以為英明和睿智；第二等蠢事是宣稱如此；第三等蠢事是對所有勸告都鄙視。

▼朋友是王公貴族最怕的真幽靈。

▼鐘聲會叫大家上教堂，卻從沒提醒佈道會那麼冗長。

▼想要知道錢財的價值，借一些你就知。

▼糟糕的政府就像河流，最輕的東西全都漂在最上頭。

▼馬兒只想一件事，騎馬的人卻往往別有心思。

▼有人自捫良心服神職，搜刮祭壇卻若無其事。

▼人在世間要能避免俗事雜項，不是靠信心，而是靠著沒信心。

▼有學問的傻瓜會比沒學問的傻瓜寫出更漂亮的廢話；還是廢話。

▼小孩子會覺得二十先令與二十年，沒有花完的一天。

▼給人官位沒問題，卻給不了他判斷力。

▼理智一短少，什麼都想要。

▼跟笨朋友太親密，就像帶著剃刀陪你上床去。

▼當自己正確無誤，你很可能錯得離譜。

▼許多國王都犯了和大衛王同樣的罪，卻沒多少人和他一樣懺悔。

▼沒經歷過厄運的人，會為好運而苦悶。

▼現在要祝窮人聖誕快樂，感謝上帝你可以活到此刻。

▼誇讚要小，責備要少。

▼柳枝軟弱隨風擺，但卻可以捆木柴。

▼不該做的事卻去做，就會擁有不想要的感受。

▼當心美酒所釀的醋，當心好好先生所發的怒。

▼偷兒雖小，容易變成大盜。

▼貓兒腳上穿襪套，一隻老鼠也捉不到。

▼勤學的人有學問；仔細的人有財富；英勇的人有力量；有德的人上天堂。

▼為了年歲和必需品，盡量儲蓄沒關係；朝陽再亮遲早也落西。

▼富裕剛在馬背上坐好，韁繩就放掉，隨即就從鞍上被甩掉。

▼維繫友誼不能靠客氣，更不能缺禮儀。

▼切斷母雞和希望的翅膀，免得隨之起舞又白忙一場。

▼別高估自己的小聰明，忘了別人的機警：一個精明人，會輸給一個精明人加半個精明人。

▼要愛你的鄰居，但是別拆了你的圍籬。

1755.

▼想要旅行四處跑，就該吃得少。

▼男人沒娶妻子，只算半個漢子。

▼要求與擁有，有時真算是昂貴的買賣。

▼母狗急性子，才會生下瞎眼的狗崽子。

▼只要鬧饑荒，法律沒人管；沒人管法律，饑荒馬上起。

▼窮困無律師；為什麼？因為沒有錢就沒律師。

▼野狼每年都換毛，但是牠的習性永遠改不了。

▼長命不見得好，好命卻都夠長。

▼誰聰明？從每個人身上學習的人。誰有力？能克制自己情慾的人。誰富有？知足的人。那是誰？無名氏。

▼草本植物裡，有好處的多，在人類之中，有品德的少。

▼就算是一百個小偷，也沒有辦法剝光裸體者的皮——尤其是如果那個人還不想要臉皮。

▼酒後吐真言。

▼兩根乾柴就能燒毀一棵大樹。

▼肚子填飽，邪念就到。

▼不義之財，是真正的損害。

▼智慧之門，永遠不關閉。

▼誠實的人先苦後樂；地痞流氓先樂後苦。

▼歹鐵打不成利刃。

▼勤能補拙，懶惰會讓人更笨拙。

▼大師的眼睛，比他雙手更辛勤。

▼少說，多做。

▼想要被疼愛，先去愛人，還得惹人愛。

▼想想三件事，你從何處來，要往何處去，應該看重誰。

▼忽略小錯不彌補，隨即變成大錯誤。

▼時光短暫，工程浩大，手下懶散，老闆催促，報酬豐厚；快起身工作。

▼嚐到甜頭，記得苦頭。

▼努力勤勉，上帝賜你一切恩典。

▼革除你的惡習，敦睦你的鄰居，讓你每年都會發現更棒的自己。

▼無知還不算可恥，不願意學習才丟臉。

1756.

▼我去年冬天花了幾週的時間拜訪一位住在澤西的舊識，聽了一大堆有關缺錢的抱怨和付不出更多帳單的苦水。各位鄉親父老，底下的建議不會花你半毛錢，若您不介意，我保證不會冒犯到您。人家說，您一年至少花二十萬鎊在歐洲、東印度與西印度的商品上：假設其中有一半的花費是拿來買必需品，買來的另一半可以稱為奢侈品，或者最多稱為便利用品，這些東西就算您有一整年都用不上，也不會有太大的妨礙。現在，要省下這一半花費，請遵照以下的指示：

1當您想買新衣服時，先好好看過舊衣服，看看您是不是真的不能過些年再換，還是洗一洗、甚至必要時縫縫補補就好。記住，外套上的一塊補丁，還有口袋裡的錢，要比背上的刺青更好、更可靠，而且不用花錢去除掉。

2當您想買瓷器、陶器、印度絲織品，或是其他脆弱的手工藝品；我不會對您太苛刻，要您絕對不能買；我的建議只是要您先放下它（就像放下您的後悔一樣），來年再說；就某些方面來說，這可以避免後悔。

3如果您目前一天喝兩杯潘趣酒、葡萄酒或茶；今年接下來每天只能喝一杯。假使您現在每天只喝一杯，改成每隔一天喝一杯。要是您一週喝一杯，縮減到兩週喝一杯。若您的飲用量沒有隨著減少次數而增加，您在這些項目上的花費就能省下一半。

4這也是最後一點，當您想喝蘭姆酒，先在杯中加入半杯水。到了年底，你就能將十萬鎊留在國內。如果紙鈔的數量能有這麼多，人人都會拿東西來換錢。但是按這方法所省下的錢，不會變成其他東西；國家也就更加富裕。商人的舊帳、呆帳也就都能付清，而儘管貿易量沒那麼大，貿易卻會更穩定。

▼命運的變化，對智者的傷害不比月相變化來得大。

▼虛榮開得了花，結不了果。

▼我自己獨佔，好過我們大家共享。

▼好的紡紗工，輪班時間長。

▼想要種荊棘，別赤腳踩地。

▼虛偽的朋友與陰影，只在光芒耀眼時現形。

▼明天一到，所有過錯都改掉；只是那個明天，永遠不會來報到。

▼山普森四肢發達，頭腦簡單，不然就不會把頭放在妓女的腿上。

▼言辭和行動，大吵一架各奔西東。

▼智者索求不多，不過得來得正當，行得端莊，花得開心，走得滿意。

▼太寬鬆的法律，很少人遵行；太嚴苛的法令，很少能執行。

▼為知識而驕傲，是盯著光源看到眼睛瞎掉；為品德而驕傲，是拿著解毒劑給自己下毒藥。

▼要愛你的仇敵，因為他們會指出你錯在哪裡。

▼有一技在身，就有了收益與自尊。

▼要尊敬所有人；要服務多數人；

要熟識少數人；當摯友忠於一人；別樹立敵人。

▼先愛人，就被愛。

▼趁著懶人還夢酣，下田努力忙深耕；就有豐富的收成，夠你銷售與貯存。

▼朋友之間談生意，帳要能算得清，契約要有載明，就能夠維持這友誼。

▼從來不曾吃太多，就永遠不會懶惰。

▼要是不幸、惡行以及戰爭讓你不高興；那就想想上帝，這能夠讓你安心。

▼勞累來自安逸；麻煩源於懶散。

▼盡量拿，拿了就緊握；這可是將鉛變黃金的那種石頭。

▼誠實的人不受不該他得的金錢與褒揚。

▼我的朋友，您現在又進入了一年的最後一個月。如果您是生意人，又明智謹慎，可能您現在已經在記帳，看看您這過去一年裡賺了多少或賠了多少，還根據這些來考慮怎麼管理將來的事業與花費。這很值得稱讚，但還不是全盤。您難道不檢查您的道德帳戶，看看這一生的行止有多少進步，有哪些惡習已經根除，又得到什麼美德；這一年來是否更善良，更有智慧，就像是不是更有錢一樣？就算賺到全世界，失去了自己的靈魂，對人又有什麼好處？要是對這事毫不在乎，儘管您可能繼續累積財富，在明辨是非的那位眼裡，即使在此世，當然也包括永恆的來世，都可能是窮鬼。

▼請指出我的過失，糾正你自己的錯誤。

▼懶散走得有夠慢，貧窮隨即就跟上。

1757.

▼睡前沒吃飯，你就不會因為吃太飽而半夜起床。

▼想要在宮廷裡頭起身，必先開始奉承。

▼許多人的嘴，證明了他們自己多麼沒有智慧。

▼沒有什麼會比眼淚乾得快。

▼比起不讓一支煙囪熄了火，蓋兩支煙囪要容易得多。

▼要傻瓜閉嘴很粗野，讓傻瓜講話很殘酷。

▼債務人是債主的奴隸，保人則是雙方的奴隸。

▼退休不能保證有品德；棟樑在城裡雖然正直又挺拔，丟進山野腐朽又醜惡。

▼既然人自己只有非常有限的力量，因此不能只靠個人自己的力氣就影響龐大的事物，除非他聯

合其他人集體行動。而既然沒有人能夠不先取得別人信任就主動協助他人，且既然人不願意相信，除了他們認為真正值得信任的人以外的人，那麼一個公開的偽君子就不可能完成任何具影響力的大事，因為他不能夠得到人們的信任，也就不能得到他們的協助，所以只剩下他自己靠自己的屁股；就算是在他自己活動的領域裡，他能做的也都只會遭人鄙棄。

大家都同意「寧可失去朋友，不能少了小丑」是件傻事。但是很少有人想過有多麼容易就失去朋友。朋友間的丑角靠著朋友對自己的重視，才敢對朋友比對其他人放肆，甚少考慮到我們所愛的人對我們的傷害會有多深。再怎麼緊密的交情，也沒辦法保障這樣的自由；而且仗著是朋友就能這麼做，實在是矛盾不通；除非我們能說，朋友對我們造成的傷害比其他人所造成的更小。

人可以掩飾內心的怨恨，看起來自在，內心裡痛苦翻騰。我們搞錯了，以為這樣的傷痕想想就過了；唉！其實愈想就愈覺過分。好比一道傷痕，能讓憤怒倍增，化膿日久，潰爛日深。

但是針對人身或作為的諷刺，儘管難以忍受，還是比針對個人宗教挖苦來得好過。人們經常因為他們的宗教信條而倍感溫暖，不管那是基於良心的和善，或是出於他們理智的判斷。一般的老實人，會將救贖看成嚴肅到不能開玩笑的事；習於靠腦袋思辨勝過靠心靈信仰的教徒，對信仰的狂熱一點也不輸給虔誠的信徒。要是有人對他們的信仰說了什麼大小事，讓他們覺得自己的理智被看扁，就會招致他們的反感，正常人都不敢貿然攖其鋒芒；更甭提有教養，畢生職志就是要與所有人和好的人了。

▼驕傲與富裕一起吃早餐，和貧困一同吃午飯，最後只剩聲名狼藉陪著吃晚餐。

▼羞恥心和胃灼痛都是上個時代的病症；現在這時代，看來都已經痊癒無礙。

▼牛頭犬性情雖溫和，被牠咬住可沒輒。

▼舌頭說錯話，臉頰吃耳光。

▼舉世獨清，會讓許多人傷心：那些樂於相信大眾意見的心靈。

▼即使其他罪過都已經垂垂老矣，貪婪還充滿了青春的活力，讓人在聖誕時節還貪無止期。

▼一個今天，值得兩個明天。

▼聰明往往反被聰明誤：玩笑並不總能被一笑置之，恍若無物。

▼有德者此時巍然不動，只有一派平靜輕鬆。

▼憤怒能讓東西溫暖，但卻會燒壞鍋爐。

▼紅布、絲織品和天鵝絨，都能滅廚房爐火。

▼王冠再好，治不了頭疼發燒。

▼他們來自四面八方，面對他們該得的正義審判；彼時上帝看來一臉嚴肅；（在祂面前展開了生命之書，裡頭寫滿了各項祕密記錄）「按你們的事功賞罰陟黜：照你們該得的進入永生國度，那是早就為你們準備的去處。」

▼想要釣到魚，就要敢拿魚餌當賭注。

▼安全的道路，永遠不是受禁錮。

▼文過飾非的痛苦，多過要人自己去彌補。

▼「真誠」的魅力無法擋，再凶猛的敵人都得投降：她不懂什麼技巧，穿著樸實清白，她的思想純潔，所以一切坦白：她讓錯誤不再醜惡；少了她，就沒有其他的美德。

▼善良的閃亮根源！快快降臨我的身邊，看守我的內心，注意我的語言。

▼他人妻，不可戲，他人錢財不可欺。

▼工作要像能夠活一百歲那樣的認真，禱告得像明天就要死了那樣的虔誠。

▼宗教的驚人美貌，就像某個貴族家裡的憂苦遺孀。正直的理智要我們敬重她，不要用不當的玩笑玷污她的聲望。日常生活這樣想就沒錯，只有蠢蛋才會喜於低俗毀謗：別輕忽這警訓，好好實行；想要附庸風雅，不必褻瀆神明。

▼在為了生計而學習法律、物理或其他學科時，儘管一開始會覺得困苦、艱難、無趣，但要勤奮、有恆、有耐心；學業的煩悶就會日漸先散，你的努力終究能成功豐收。你要贏過其他在職務上不認真、懶惰、散漫的人，成為你專業裡的翹楚。實力能帶來事業，事業能帶來財富，財富在你年事高時可以帶來光榮的退休。

▼古代哲學家說過，幸福倚靠內在的氣質高低，勝過依賴外在的物質好壞；不能在任何狀況感到幸福的人，在任何狀況都沒法獲得幸福。要得到幸福，他們說，必定要能知足。沒錯。但他們沒教我們怎樣才能知足。窮理查要為您提供一條簡便的原則。想要知足，就轉頭看看那些財物比你少的人，別看著財物多過你的人。如果你這樣還無法知足，你活該不幸福。

▼懶散是片死海，吞食所有美德：做事要勤奮，誘惑才沒法瞄準：呆坐不動的小鳥，是最易打中的目標。

▼再怎麼樂善好施，也不會降低生活品質。

▼要行得正當，要嚴斥誹謗；塵土上得了泥牆，卻不能對大理石有一絲損傷。

▼學識是此生的重要事情，但虔誠的重要性卻高得無法估計，因為虔誠能讓我們不只在此生快樂，還能在來世享福。在審判日，不會問我們精通什麼語言或哲學；只會看我們是不是過得有德又虔誠——因為人雖有理智，卻要靠對宗教的信念來引導。到了那個時刻，我們出於善心給螻蟻的那一小把穀物，帶給我們的回報，會比我們在整片蒼穹中叫得出名稱的星星更多。因為屆時這些星星要來得都將消失，日月無光，整個自然也將消亡，但我們的善行或惡行將會永恆留存在宇宙的歷史之中。

▼你的心腸要和地位權力成正比，否則上帝就要按你的心腸來排定你的階級。

▼靠近西班牙漫長的海岸，有幾座島嶼在海洋上星散；就像詩人吟唱的歌謠，那裡住了批大海盜，躲過了懸賞通緝還在逃。雖然不是嬰兒，神經卻很大條；食物也不夠吃，直到靠武力搶到。標靶雖然固定，生手常打不中，子彈雖然發射，卻是往往落空：得經長久練習，才能完美命中，先前困難重重，如今輕輕鬆鬆。他們身手矯捷，手中彈無虛發，就算氣氛緊張，仍能開槍就殺。所以各行翹楚，都靠練習進步，先有辛勤勞苦，才有將來的舒服。

1758.

▼驕傲上了馬車，羞恥跟著上車。

▼當壞蛋彼此背叛，沒有一個該埋怨，另外那個也不該可憐。

▼善心就像風，哪裡傾斜就往哪裡吹送。

▼火爆湯姆還真走運，看不見自己駝背的情形。

▼傻瓜什麼建議都需要，但智者只要其中好的那幾條。

▼知足的人，什麼都夠；抱怨的人，卻嫌太多。

▼有關公眾事務的第一個錯誤，就是盲目進入。

▼只有一半的真話，經常是最佳的謊話。

▼傲慢的現代教育瞧不起古代學問：嘲笑老師的是他們的學生。

▼人們常誤會自己，卻很少忘了自己。

▼懶惰的人，是惡魔的員工；制服是破布，餐點是飢餓，酬勞則是疾病。

▼你可能會延遲，然而時間卻不會如此。

▼美德不一定能讓長相好看，惡行卻一定會讓面目難看。

▼要信實地服務公眾，又要完全取悅大眾，兩者不能相容。

▼一個聰明的老頭，抵得過兩個勇武的英雄。

▼沉默並非總是智慧的標記，絮叨卻永遠都是愚蠢的象徵。

▼肚子飽了，腦子就鈍了：繆思女神還在廚子那裡挨餓。

▼在腐敗的時代，為世界安排秩序反而會帶來混淆——管你自己就好。

▼蜜雖甜，蜂刺卻尖。

▼過度的恭敬，往往會掩蓋最棒的德行。

▼你要是鐵砧，站穩你腳跟；你要是鐵鎚，盡量用力捶。

▼浪費光陰不只讓外在窮困，也會使心靈貧瘠。

▼知足才是賢者之石的名，因為它能點石成金。

▼要靠信仰來看見，得先閉上理性之眼：吹熄蠟燭，才更覺得白晝光輝耀眼。

▼省吃儉用累積所有，勝過花錢之後苦苦哀求。

▼別掠奪上帝，也別搶貧民，除非你想毀了你自己；老鷹能從祭壇上抓走火炭，但那會將牠的老巢燒乾。

▼輕易犯小罪的人，時候到了就容易犯大錯。

▼用最滿足的歡呼，來為今年做結束吧。

B Franklin

FIG TEA
IF YOU WOULD HAVE YOUR BUSINESS DONE, GO IF NOT SEND
INDUSTRY ALL EASY
EARLY TO BED AND EARLY TO RISE, MAKES A MAN HEALTHY WEALTHY, AND WISE
THERE ARE NO GAINS
REMEMBER, THE CAT IN GLOVES CATCHES NO MICE
AND LITTLE STROKES FELL GREAT OAKS
BY DILIGENCE AND PERSEVERANCE THE MOUSE EAT THE CABLE IN TWO
DILIGENCE IS THE MOTHER OF GOOD LUCK, AND GOD GIVES ALL THINGS TO INDUSTRY
EMPLOY TIME WELL
SINCE THOU
BORN BOSTON JANY. 17TH 1706.
APRL. 17TH 1790.
HE THAT BY THE PLOUGH WOULD THRIVE, HIMSELF MUST EITHER HOLD OR DRIVE
THE EYE OF THE MASTER WILL DO MORE WORK THAN BOTH HIS HANDS
IF YOU WOULD HAVE A
MANY A LITTLE MAKES A MICKLE. BEWARE OF LITTLE EXPENSES
THE WEALTH SMALL AND THE WANT GREAT.
WHAT MAINTAINS ONE VICE WOULD BRING UP TWO CHILDREN.
A SMALL LEAK WILL SINK A GREAT SHIP
WHO DAINTIES LOVE
FOOLISH
KNOW THE VALUE OF MONEY, TRY TO BORROW SOME
IT IS HARD FOR AN EMPTY BAG TO STAND UP
AND WANT

KEY IS ALWAYS BRIGHT
FOUND AGAIN.
DOST THOU LOVE LIFE
THE STUFF LIFE IS MADE OF.
THE SLEEPING FOX CATCHES NO POULTRY. THERE WILL BE SLEEPING ENOUGH IN THE GRAVE.
IF YOU WOULD HAVE YOUR BUSINESS DONE, GO; IF NOT SEND.
LOOKS IN, BUT DARES NOT ENTER.
PLOUGH DEEP WHILE SLUGGARDS SLEEP; AND YOU SHALL HAVE CORN TO SELL AND TO KEEP.
WORK TODAY FOR YOU KNOW NOT HOW MUCH YOU MAY BE HINDERED TOMORROW.
HANDLE YOUR TOOLS WITHOUT MITTENS; REMEMBER, THE CAT IN GLOVES CATCH
CONSTANT DROPPING WEARS AWAY STONES
HAS A LARGE SHIFT.
I NEVER SAW AN OFT REMOVED TREE, NOR YET AN OFT REMOVED FAMILY THAT DID SO WELL AS THOSE THAT SETTLED BE.
THREE REMOVES ARE AS BAD AS A FIRE; AND A ROLLING STONE GATHERS NO MOSS.
GOOD MORROW.
B. FRANKLIN. LL.D. F.R.S.
BORN
DIED at PHILADa
APR
OF KNOWLEDGE
HE WHO SAVES NOT AS HE GETS, MAY KEEP HIS NOSE ALL HIS LIFE TO THE GRINDSTONE, AND DIE NOT WORTH A GROAT.
A FAT KITCHEN MAKES A LEAN WILL. WOULD YOU BE RICH THINK OF SAVING.
A SHOE THE HORSE WAS LOST.
WOMEN AND WINE GAME AND DECEIT MAKE
WHAT MAINTAINS ONE VICE WOULD BRING UP TWO CHILDREN.
SILKS AND SATINS SCARLET AND VELVETS, PUT OUT THE KITCHEN FIRE
IF YOU WOULD KNOW THE VALUE OF MONEY, TRY TO BORROW